Prof. Dr. Jes T.Y. Lim

Das klassische Feng-Shui-Wissen II

Prof. Dr. Jes T.Y. Lim

Das klassische Feng-Shui-Wissen
II

Das Begleitbuch zur Erfolgs-DVD
QI-MAG® Feng-Shui II –
*Harmonisches Wohnen; Harmonie, Glück und
Erfolg mit alter chinesischen Weisheit steigern*

II

Erstausgabe 2019
Feng-Shui Broschüre und Begleitheft zu dem DVD Kursus:

QI-MAG® Feng-Shui II
Harmonisches Wohnen; Harmonie, Glück und Erfolg
mit der alten chinesischen Weisheit steigern

von Prof. Dr. Jes T.Y. Lim

2019 © by IAW Anstalt, Vaduz
www.iadw.com

ISBN: 978-3-7494-5244-6

Die Deutsche Nationalbibliothek verzeichnet diese Publikation
in der Deutschen Nationalbibliografie; detaillierte bibliografische Daten
sind im Internet über www.dnb.de abrufbar.

Umschlaggestaltung: www.layART.li
Umschlagmotiv: ©fotolia.com/Anne Mathiasz
Herstellung und Verlag: BoD – Books on Demand, Norderstedt
Made in Germany

風水

堪輿學

Herzlich willkommen!

Seit vielen Jahren haben wir die Feng-Shui-DVDs im Sortiment, die sich großer Beliebtheit erfreuen:

QI-MAG® Feng-Shui I – Die chinesische Kunst des gesunden Wohnens
QI-MAG® Feng-Shui II – Harmonisches Wohnen; Harmonie, Glück und Erfolg mit der alten chinesischen Weisheit steigern
QI-MAG® Feng-Shui für Geschäft und Beruf – bewährte Praktiken aus Asien für geschäftliche Harmonie und Wohlstand

Immer wieder wurden wir gefragt, ob die Handbücher zu diesen DVDs nicht auch einzeln erworben werden können. Aufgrund der beständigen Nachfrage haben wir uns dazu entschlossen, diese Begleithefte auch in Buchform zu veröffentlichen. Sie sind ab sofort im Buchhandel und auf Online-Portalen verfügbar. Auch ohne DVD, als eigenständiges Werk, sind sie ein Juwel mit spannendem und fundamentalem Hintergrundwissen, das in dieser Form nur selten erhältlich ist. Für den Laien empfehlen sich die DVDs, wobei der Feng-Shui Erfahrene in den Handbüchern bestimmt Anregungen entdecken wird, die ihm auch ohne weitere Unterstützung einen wertvollen Dienst erbringen können.

Der Feng-Shui – Pionier Prof. Dr. Jes T.Y. Lim war in den 60er Jahren Unternehmensberater. Feng-Shui, Geomantie, Geobiologie und Naturheilkunde studierte er bei Lehrern und Spezialisten in China, Hongkong, Singapur, Malaysia und Australien. Als Doktor der Akupunktur mit Affinität zur Psychologie und Hypnotherapie absolvierte er unter anderem Ausbildungen im Bereich Naturheil-

kunde. Den Master Degree in der internationalen Business Administration schloss er erfolgreich ab. Er ist der Begründer des internationalen QI-MAG Feng-Shui & Geobiology Instituts, das seit 1990 weltweit tausende Feng-Shui-Berater und TAO-Meister hervorgebracht hat. Als Experte und Koryphäe auf seinem Gebiet ermöglicht er uns einen lebendigen und leichten Einstieg ins Feng-Shui sowie eine Vertiefung dieses zeitlosen Themas, das sich auch im Bereich Business etabliert hat. Viele Feng-Shui-Anfänger sowie Experten erfreuen sich an seinem Wissen, und ihre Anzahl wächst stetig.

Ein herzliches Dankeschön gilt dem Autor, der mit seinem Wissen so vielen Menschen einen großen Dienst erweist!

Feng-Shui kann auch Ihre Daseinsbereiche zu einem kraftvollen Energiefeld verwandeln, das Ihre Wohn- und Arbeitsräume zur Harmonie transformiert. Diese Harmonie entfacht in den unterschiedlichsten Bereichen eine Umgestaltung, Verbesserung bzw. Neuorientierung. Kreativität im Beruf, mehr Lebenslust und -freude sowie tiefer und erholsamer Schlaf sind nur einige von unzähligen möglichen Wirkungen der Transformation durch Feng-Shui.

Die Harmonisierung der Wohnräume kann also der Grundstock für Veränderungen in Ihrem Leben sein.

Eine Wohnraumgestaltung ist immer individuell und intuitiv zu vollziehen und sollte sich niemals nur an Richtlinien orientieren. Erst die spezifische und persönliche Form der Durchführung wird Ihre Räumlichkeiten zur Wohlfühloase der besonderen Art erheben. Lassen Sie sich inspirieren.

Veränderungsbeispiele in der Übersicht:

- *Harmonisierung der Partnerbeziehungen oder Öffnung für eine neue Partnerschaft*
- *Neue Jobsituation oder Balance am Arbeitsplatz*
- *Familiäre Konfliktlösungen*
- *Finanzielle Freiräume für optimalen Geldfluss*
- *Aktivierung der Selbstheilungskräfte*
- *Wiederbelebung von Urvertrauen und Geborgenheitsgefühl*
- *Erholsamer Schlaf, Gelassenheit und innere Ruhe*
- *Mehr Lebenslust, Freude und Kreativität etc.*

Wir haben bewusst darauf verzichtet, Prof. Dr. Jes T.Y. Lims Werk zu bearbeiten oder zu verändern, und haben die Original-DVD-Beilage übernommen. Wir sind überzeugt davon, dass es genau so, wie es ist, bei vielen Lesern auf Anklang stoßen wird: eine kleine Schatztruhe voller Informationen als Zeitzeuge der besonderen Art. **Ein Original, das auch noch in Jahrzehnten nichts von seiner Aktualität und Attraktivität verlieren wird.**

Für Interessierte, die noch etwas tiefer in die Materie eintauchen oder die DVDs als Ergänzung verwenden wollen, sind diese nach wie vor bei der IAW, im Handel sowie auf Online-Portalen erhältlich.

Nun wünschen wir Ihnen viel Freude beim Erleben und Umsetzen, sowie in Ihrem kreativen Wirken.

Ihr Felix Aeschbacher
plus IAW-Team

Echte Rarität

<u>Einmalig:</u>

Nach unveränderten Original-Unterlagen veröffentlicht!

WAS SOLL DURCH FENG SHUI ERREICHT WERDEN?

Moderne Gebäude blockieren den günstigen Fluß von gesunder frischer Luft, Sauerstoff und guter Energie. Die Energie kann daher nicht den Arbeits- oder Schlafplatz erreichen. Darüber hinaus erzeugen z.B. elektrische Geräte schädliche Strahlen, die Streß verursachen und sich ungünstig auf die Gesundheit auswirken.

Durch Feng Shui soll der natürliche und gesunde Zustand wie er im Freien herrscht, in Räumen und Gebäuden wieder hergestellt und damit unsere körperliche, mentale, emotionale und spirituelle Harmonie verbessert werden.

1) Die kosmische Energie und Sauerstoff in Wohn- und Arbeitsbereichen anheben und verstärken, um Gesundheit und Vitalität zu unterstützen.

2) Schädliche Strahlung, die vom Boden und von modernen Geräten ausgeht, vermeiden oder neutralisieren.

3) Negative Energie (Sha Qi) und schädliche angreifende Energien neutralisieren

4) Schädliche Symbole in unserer Umgebung neutralisieren

5) Harmonie in unserer Umgebung herstellen - im Zimmer, im Gebäude und außerhalb des Gebäudes.

6) Harmonie und Gleichgewicht in Bereichen herstellen, die von unserem Sonnensystem (Planeten) negativ beeinflußt werden und sich damit negativ auf den Körper auswirken.

DIE 12 DISZIPLINEN DES FENG SHUI

1. Kosmisches Qi und Sauerstoff

2. Die Prinzipien von Yin und Yang

3. Die Energien der Fünf Elemente

4. Landschafts-Feng Shui und die sieben Ebenen der Umgebung

5. Die Trigramme der acht Lebenssituationen

6. Die Acht Trigramme (Ba'gua)

7. Das Ost-West-System

8. Die Lo'Shu-Zahlen (Fliegende Sterne) und das Sonnensystem (Tien Kung)

9. Geobiologie und Geomantie

10. Wasserdrachen-Feng Shui

11. Feng Shui für die Bestattung und das Grab

12. Spirituelles Feng Shui - die höchste Stufe

DAS PRINZIP VON YIN UND YANG

Die Welt um uns herum und wir selbst befinden uns in einem Prozeß ständiger Veränderung. Dies ist ein Evolutionsprozeß, der entweder harmonisch, negativ, positiv oder neutral abläuft. Es sind Veränderungen und Ziele notwendig, die schließlich zur Harmonie und zu einem ultimativen Ziel führen. Diese Veränderungen werden von zwei Ursprungsenergien des Universums verursacht, die wir als Yin- und Yangkräfte bezeichnen und die als Yin- und Yang-Prinzip bekannt sind.

Yin steht für
schwarz, Dunkelheit, Nacht, Tod, Winter, Kälte, weiblich, passiv, Wasser, Schwäche

Yang steht für
weiß, hell, Tag, Lebendigkeit, Sommer, heiß, männlich, Aktivität, Feuer, Stärke

Beispiele für Yin & Yang

Yin-Haus	- Grab auf dem Friedhof
Yang-Haus	- Haus der Lebenden
Yin-Raum	- Schlafzimmer
Yang-Raum	- Arbeitszimmer
Yin-Körperzustand	- schlafend
Yang-Körperzustand	- aktiv
Yin-Gebäude	- feuchte, dunkle, kalte Räume
Yang-Gebäude	- trockene, gut beleuchtete, warme Räume
Yin-Zustand eines Gebäudes	- Gebäude mit geopathischen Störfeldern, Spukhaus
Yang-Zustand eines Gebäudes	- Gebäude ohne geopathische Störfelder

Ziel im Feng Shui ist es, Yin- und Yang-Zustände auszugleichen. Beispiele:
So kann ein Raum, der einem starken Wind ausgesetzt ist (Yang-Wind), Gesundheitsprobleme verursachen. Daher ist es notwendig, Abhilfen zu verwenden, um den starken Wind zu verlangsamen oder umzulenken.
Wenn ein Raum im Winter nicht geheizt wird, ist er sehr kalt, womit ein Yin-Überschuß vorliegt. Wird dieser Raum aber zu stark geheizt, entsteht ein Yang-Überschuß, was ebenfalls einer guten Gesundheit abträglich ist. Mit einer mittleren Raumtemperatur wird das Gleichgewicht wieder hergestellt.

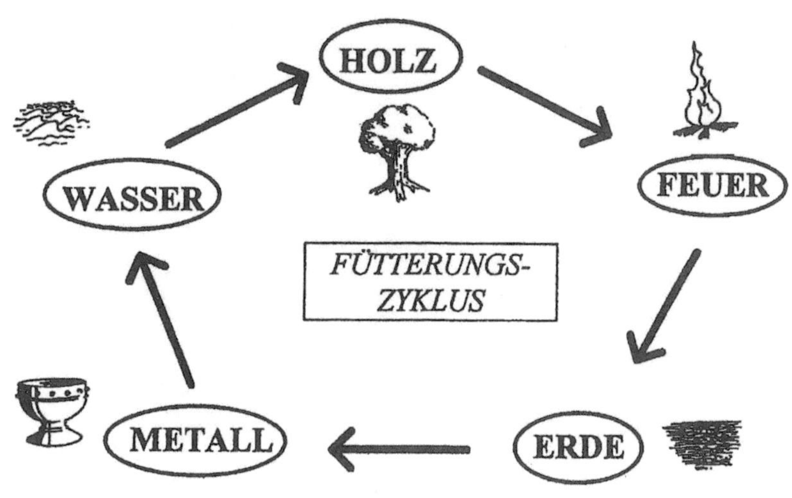

HOLZ
WASSER
FEUER
FÜTTERUNGS-
ZYKLUS
METALL
ERDE

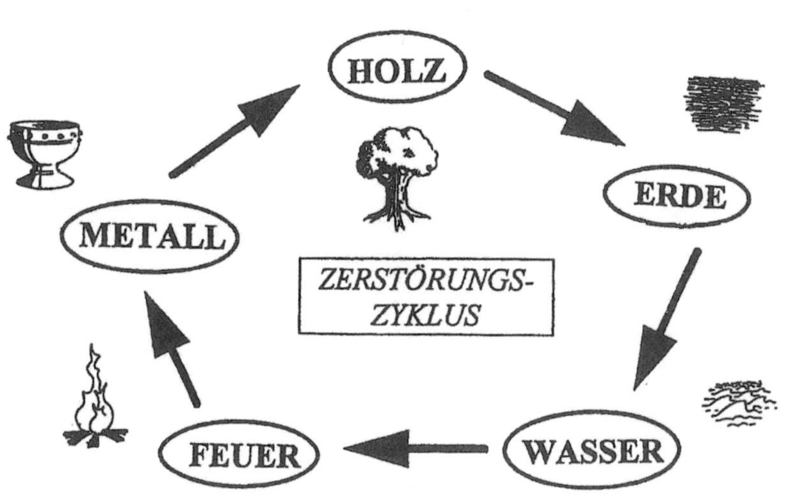

HOLZ
METALL
ERDE
ZERSTÖRUNGS-
ZYKLUS
FEUER
WASSER

DAS GEBURTSJAHRESELEMENT

Anmerkung: Das chinesische Jahr beginnt immer an einem anderen Tag, es richtet sich nach dem zweiten Neumond nach der Wintersonnenwende.

19.02.1901	Metall	Ochse	27.01.1941	Metall	Schlange	05.02.1981	Metall	Hahn
08.02.1902	Wasser	Tiger	15.02.1942	Wasser	Pferd	25.01.1982	Wasser	Hund
29.01.1903	Wasser	Hase	05.02.1943	Wasser	Schaf	13.02.1983	Wasser	Schwein
16.02.1904	Holz	Drache	25.01.1944	Holz	Affe	02.02.1984	Holz	Ratte
04.02.1905	Holz	Schlange	13.02.1945	Holz	Hahn	20.02.1985	Holz	Ochse
25.01.1906	Feuer	Pferd	02.02.1946	Feuer	Hund	09.02.1986	Feuer	Tiger
13.02.1907	Feuer	Schaf	22.01.1947	Feuer	Schwein	29.01.1987	Feuer	Hase
02.02.1908	Erde	Affe	10.02.1948	Erde	Ratte	17.02.1988	Erde	Drache
22.01.1909	Erde	Hahn	29.01.1949	Erde	Ochse	06.02.1989	Erde	Schlange
10.02.1910	Metall	Hund	17.02.1950	Metall	Tiger	27.01.1990	Metall	Pferd
30.01.1911	Metall	Schwein	06.02.1951	Metall	Hase	15.02.1991	Metall	Schaf
18.02.1912	Wasser	Ratte	27.01.1952	Wasser	Drache	04.02.1992	Wasser	Affe
06.02.1913	Wasser	Ochse	14.02.1953	Wasser	Schlange	23.01.1993	Wasser	Hahn
26.01.1914	Holz	Tiger	03.02.1954	Holz	Pferd	10.02.1994	Holz	Hund
14.02.1915	Holz	Hase	24.01.1955	Holz	Schaf	31.01.1995	Holz	Schwein
03.02.1916	Feuer	Drache	12.02.1956	Feuer	Affe	19.02.1996	Feuer	Ratte
23.01.1917	Feuer	Schlange	31.01.1957	Feuer	Hahn	07.02.1997	Feuer	Ochse
11.02.1918	Erde	Pferd	18.02.1958	Erde	Hund	28.01.1998	Erde	Tiger
01.02.1919	Erde	Schaf	08.02.1959	Erde	Schwein	16.02.1999	Erde	Hase
20.02.1920	Metall	Affe	28.01.1960	Metall	Ratte	05.02.2000	Metall	Drache
08.02.1921	Metall	Hahn	15.02.1961	Metall	Ochse	24.01.2001	Metall	Schlange
28.01.1922	Wasser	Hund	05.02.1962	Wasser	Tiger	12.02.2002	Wasser	Pferd
16.02.1923	Wasser	Schwein	25.01.1963	Wasser	Hase	01.02.2003	Wasser	Schaf
05.02.1924	Holz	Ratte	13.02.1964	Holz	Drache	22.01.2004	Holz	Affe
25.01.1925	Holz	Ochse	02.02.1965	Holz	Schlange	09.02.2005	Holz	Hahn
13.02.1926	Feuer	Tiger	21.01.1966	Feuer	Pferd	29.01.2006	Feuer	Hund
02.02.1927	Feuer	Hase	09.02.1967	Feuer	Schaf	18.02.2007	Feuer	Schwein
23.01.1928	Erde	Drache	30.01.1968	Erde	Affe	02.02.2008	Erde	Ratte
10.02.1929	Erde	Schlange	17.02.1969	Erde	Hahn	26.01.2009	Erde	Ochse
30.01.1930	Metall	Pferd	06.02.1970	Metall	Hund	14.01.2010	Metall	Tiger
17.02.1931	Metall	Schaf	27.01.1971	Metall	Schwein	03.02.2011	Metall	Hase
06.02.1932	Wasser	Affe	15.02.1972	Wasser	Ratte	23.01.2012	Wasser	Drache
26.01.1933	Wasser	Hahn	03.02.1973	Wasser	Ochse	10.02.2013	Wasser	Schlange
14.02.1934	Holz	Hund	23.01.1974	Holz	Tiger	31.01.2014	Holz	Pferd
04.02.1935	Holz	Schwein	11.02.1975	Holz	Hase	19.02.2015	Holz	Schaf
24.01.1936	Feuer	Ratte	31.01.1976	Feuer	Drache	08.02.2016	Feuer	Affe
11.02.1937	Feuer	Ochse	18.02.1977	Feuer	Schlange	28.01.2017	Feuer	Hahn
31.01.1938	Erde	Tiger	07.02.1978	Erde	Pferd	16.02.2018	Erde	Hund
19.02.1939	Erde	Hase	28.01.1979	Erde	Schaf	05.02.2019	Erde	Schwein
08.02.1940	Metall	Drache	16.02.1980	Metall	Affe	25.01.2020	Metall	Ratte

DAS MUTTER-SOHN GESETZ (Entstehungszyklus)

ERDE
Mutter des Metalls
Sohn des Feuers

FEUER
Mutter der Erde
Sohn des Holzes

METALL
Mutter des Wassers
Sohn der Erde

HOLZ
Mutter des Feuers
Sohn des Wassers

WASSER
Mutter des Holzes
Sohn des Metalls

7

DIE FÜNF ELEMENTE UND IHRE ABHILFEN (I)

In den folgenden fünf Abbildungen wird A) von B) bedroht.
C ist das Element, das als Abhilfe dient, da es stärker als das angreifende Element ist
und dieses zerstört.

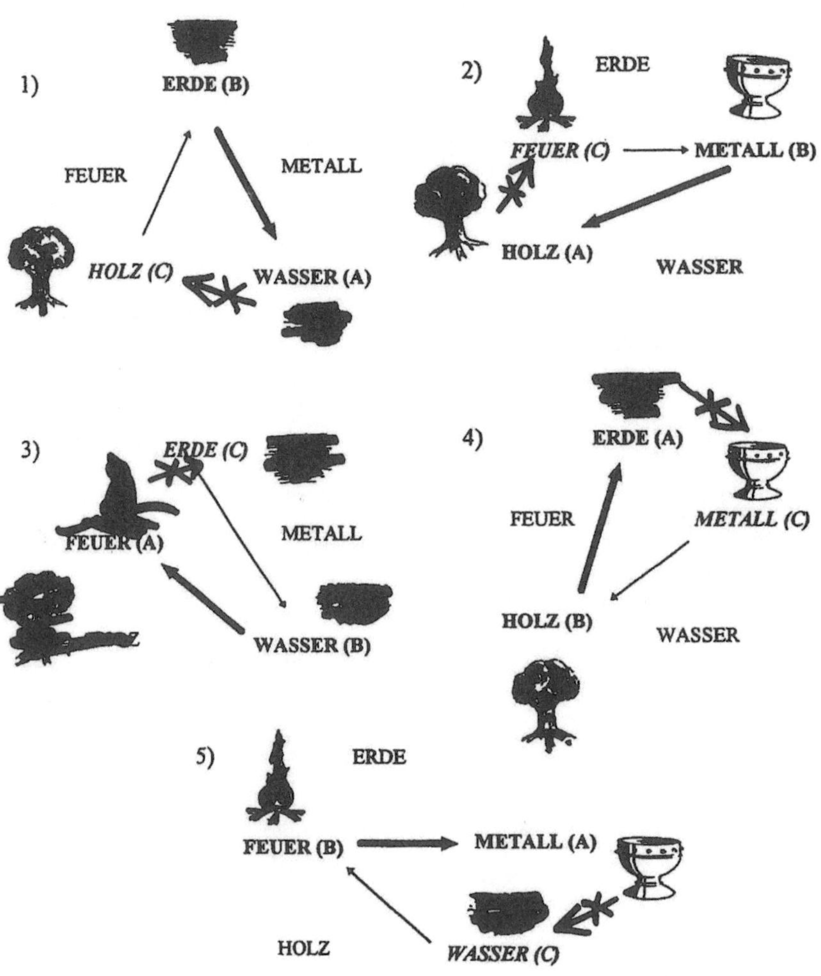

DIE FÜNF ELEMENTE UND IHRE ABHILFEN (II)

In den folgenden Abbildungen wird A) von B) bedroht.
C) ist das kontrollierende Element und wird als Abhilfe verwendet, da es das
angegriffene Element hervorbringt und damit stärkt.

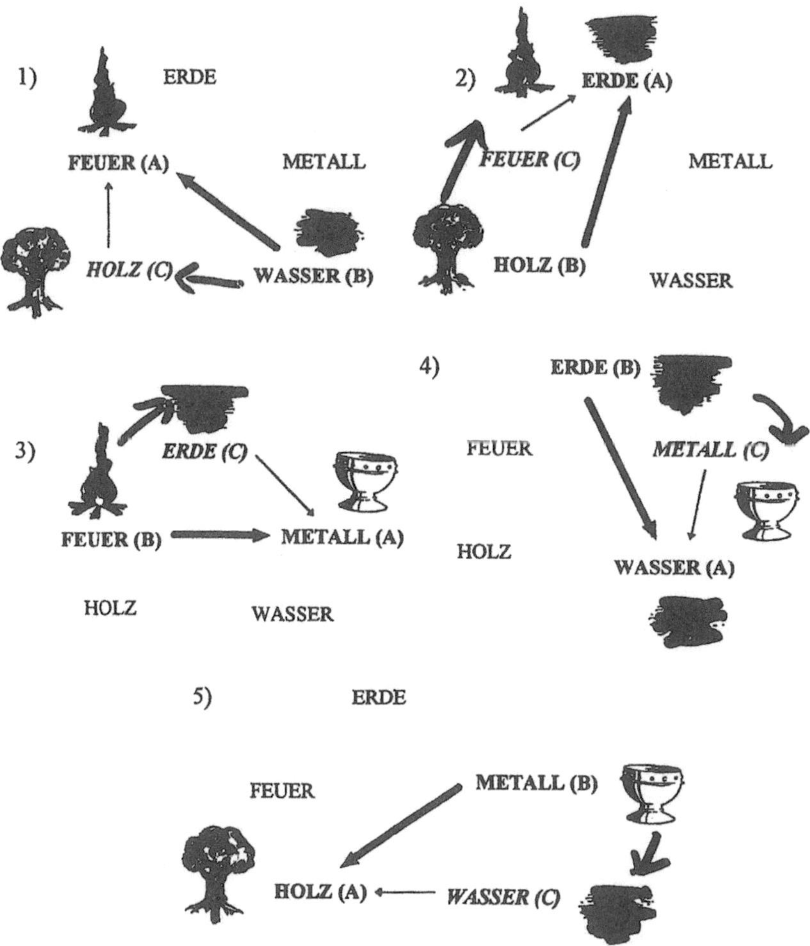

BEISPIELE FÜR GEGENSTÄNDE UND FARBEN, WELCHE DIE FÜNF ELEMENTE REPRÄSENTIEREN

Element Wasser
Aquarium, Wasserfall, Wasserfallbilder, Springbrunnen, Zimmerbrunnen, fließendes/sprudelndes Wasser, die Farbe Blau.

Element Holz
Echte und künstliche Pflanzen, Bäume, blühende Pflanzen, die Farbe Grün.

Element Feuer
Lampe, rote Kerze, Feuerbild, brennendes Kaminfeuer, die Farben Rot, Purpur, Violett.

Element Erde
Keramik, Porzellan, Tonfiguren, Lehmfiguren, Felsen, Steine, die Farben Beige, Gelb, Braun, Orange.

Element Metall
Eisenbett, Fensterrahmen aus Metall, Dekorationen oder Ornamente aus Metall, die Farben Weiß, Silber und Gold.

Anmerkung: Die Elementefarben können durch farbige Vorhänge, Wände, Polster, Möbel und Teppiche dargestellt werden. Werden mehr als zwei Elemente miteinander kombiniert, sollte darauf geachtet werden, daß sich zwischen zwei miteinander in Konflikt stehenden Elementen ein „Pufferelement" befindet, das mit diesen beiden in Harmonie steht.

Verwendung von zwei Elementen	Fütterungszyklus	Kontrollzyklus	Abhilfe
Wasser & Erde		Ja	Metall
Feuer & Wasser		Ja	Holz
Holz & Metall		Ja	Wasser
Metall & Holz		Ja	Wasser
Holz & Wasser	Ja		Keine
Feuer & Holz	Ja		Keine
Wasser & Metall	Ja		Keine
Metall & Feuer		Ja	Erde
Feuer & Erde	Ja		Keine
Erde & Holz		Ja	Feuer

Anmerkung: Die Elemente des Zerstörungszyklus wirken nur als Abhilfen. Die Beziehung zwischen zwei beliebigen Elementen gehört entweder nur zum Fütterungs- oder zum Kontrollzyklus. Das kontrollierende Element ist unterstrichen.

ELEMENTEKOMPATIBILITÄT BEI VERWENDUNG VON DREI ELEMENTEN

1) Wasser - Wasser - Holz
    Wasser - Holz   - Holz
    Wasser - Holz   - Feuer
    Wasser - Metall - Erde

2) Holz   - Holz   - Feuer
    Holz   - Feuer   - Erde
    Holz   - Wasser - Metall
    Holz   - Feuer   - Feuer

3) Feuer   - Holz   - Wasser
    Feuer   - Erde   - Metall
    Feuer   - Erde   - Erde
    Feuer   - Feuer   - Erde

4) Erde   - Metall - Wasser
    Erde   - Feuer   - Holz
    Erde   - Metall - Metall
    Erde   - Erde   - Metall

5) Metall - Wasser - Holz
    Metall - Erde   - Feuer
    Metall - Wasser - Wasser
    Metall - Metall - Wasser

PERSÖNLICHES ELEMENT UND RAUMELEMENT - KOMPATIBILITÄT UND WIRKUNGSWEISE DER ENERGIEN

PERSÖNLICHES ELEMENT HOLZ

1)   Persönliches Element: Holz
       Raumelement: Holz
Harmonie, diese Elemente passen gut zusammen. Gut geeignet für Schlafzimmer, Büro und Arbeitszimmer.

2)   Persönliches Element: Holz
       Raumelement: Feuer
Diese Elemente passen nicht zusammen. Die Person ist unruhig und fühlt sich unwohl. Die Gesundheit wird beeinträchtigt, daher ist der Raum für Kranke nicht geeignet. Der Raum ist als Schlafzimmer und für produktives Arbeiten nicht zu empfehlen.

3)   Persönliches Element: Holz
       Raumelement: Erde
Für Schlafzimmer, Arbeitsplatz und kleinere Aktivitäten geeignet, da die Erdenergie im Raum schnell erschöpft sein könnte. Wenn keine Abhilfe verwendet wird, kann sich die Person energielos und nicht in Harmonie fühlen, wenn sie diesen Raum einige Jahre lang nutzt.

4)   Persönliches Element: Holz
       Raumelement: Metall
Der Raum beherrscht die Person. Nicht als Schlafzimmer geeignet, da Krankheiten entstehen können. Auf der energetischen Ebene wird die Person angegriffen, was zu Nervosität, Unfällen und Streitigkeiten mit Familienmitgliedern und Kollegen führen kann.

5)   Persönliches Element: Holz
       Raumelement: Wasser
Hervorragend als Schlafzimmer, Büro und Arbeitszimmer geeignet, da Wasser das Holz nährt und ihm Vitalität verleiht. Gut geeignet für kreatives Arbeiten.

PERSÖNLICHES ELEMENT FEUER

1)   Persönliches Element: Feuer
       Raumelement: Holz
Ein guter Raum zum Arbeiten, Lernen und für Kreativität. Gut für Erfolg und beruflichen Aufstieg.

2)   Persönliches Element: Feuer
       Raumelement: Feuer
Diese Kombination ist harmonisch, wirkt aber stark anregend. Sie bietet viel Energie und Hitze, was für Yang-Typen oder „Machos" zuviel sein kann. Für Kinder ungünstig, da dies zu Hyperaktivität führen kann. Ungünstig als Schlafzimmer.

3)   Persönliches Element: Feuer
        Raumelement: Erde
Diese Elemente passen zusammen, gut geeignet für Schlafzimmer. Bietet eine kreative und
energiereiche Umgebung.

4)   Persönliches Element: Feuer
        Raumelement: Metall
Das kontrollierende Feuerelement kann im Raum zu einigen Energieturbulenzen führen. Als
Schlafzimmer ungeeignet.

5)   Persönliches Element: Feuer
        Raumelement: Wasser
Der Wasserüberschuß im Raum zerstört das Feuer und schafft damit eine unangenehme und
unruhige Umgebung. Ohne Abhilfen (Erdelement) als Schlafzimmer und Arbeitszimmer
ungeeignet.

PERSÖNLICHES ELEMENT ERDE

1)   Persönliches Element: Erde
        Raumelement: Holz
Die Raumenergie dominiert ihre eigene Energie, was zu Vitalitätsverlusten und Leistungsabfall
führt. Für Schlafzimmer und Arbeitsplatz ungeeignet.

2)   Persönliches Element: Erde
        Raumelement: Feuer
Die Raumenergie dominiert die Energie der Bewohner, was zu Vitalitätsverlusten und
Energieabfall führt. Für Schlafzimmer und Arbeitsplatz ungeeignet.

3)   Persönliches Element: Erde
        Raumelement: Erde
Dies ist eine neutrale, angenehme und harmonische Umgebung: Ein guter Platz für Schlafzimmer,
Wohnzimmer und Meditationsraum. Auch als Büro geeignet.

4)   Persönliches Element: Erde
        Raumelement: Metall
Das Metallelement ist zu stark und ermüdet die Erde. Nicht als Schlafzimmer, Arbeits- oder
Entspannungsort geeignet.

5)   Persönliches Element: Erde
        Raumelement: Wasser
Wenn zuviel Wasser absorbiert wird, führt das zu Überaktivität. Als Schlafzimmer oder
Arbeitsplatz nicht ideal. Ein guter Raum für Aktivitäten, gut als Küche oder Fitneßraum.

PERSÖNLICHES ELEMENT METALL

1)   Persönliches Element: Metall
        Raumelement: Holz
Metall erzeugt Energie, wenn es das Holz bearbeitet und kontrolliert. Gut für Aktivitäten - z.B. als
Wohnzimmer geeignet. Ungünstig für Schlafzimmer.

2)   Persönliches Element: Metall
        Raumelement: Feuer
Das Feuerelement im Raum ist stärker als Metall und laugt langsam Energie und Finanzen der
Bewohner aus. Nicht als Schlafzimmer oder Arbeitsplatz geeignet.

3)   Persönliches Element: Metall
        Raumelement: Erde
Ein sehr angenehmer und harmonischer Raum. Die Erde gibt Kraft und zusätzliche Energie, um
Gesundheit und Vitalität zu stärken. Ideal für Schlafzimmer und Büro.

4)   Persönliches Element: Metall
        Raumelement: Metall
Eine steife, geordnete aber harmonische Energie. Gut für die Arbeit im Bereich Finanzen und
Rechtsangelegenheiten. Für einige Personen auch als Schlafzimmer geeignet.

5)   Persönliches Element: Metall
        Raumelement: Wasser
Wasser kontrolliert stark und schwächt die Person langsam. Nicht als Schlafzimmer geeignet, der
Schläfer kann müde und ausgelaugt aufwachen. Auf Dauer nicht als Büro geeignet, da man auf
Dauer seinen Reichtum verlieren kann.

PERSÖNLICHES ELEMENT WASSER

1)   Persönliches Element: Wasser
        Raumelement: Holz
Holz nimmt ständig Wasser auf, um zu wachsen und wirkt auf die Person ermüdend. Ungünstig als
Schlaf- und Arbeitszimmer.

2)   Persönliches Element: Wasser
        Raumelement: Feuer
Das Wasserelement hat die Kontrolle, das Feuerelement ist jedoch ebenfalls stark und verursacht
viel Unruhe und Unbehagen. Kein guter Platz zum Arbeiten, Schlafen oder zur Erholung.

3)   Persönliches Element: Wasser
        Raumelement: Erde
Das starke Erdelement laugt die Energiereserven aus. Die Person kann sich nicht konzentrieren und
produktiv arbeiten. Nicht als Schlafzimmer geeignet, da die Gesundheit beeinträchtigt werden kann.

4)   Persönliches Element: Wasser
        Raumelement: Metall
Eine stabile, ruhige und angenehme Umgebung. Gut für Schlafzimmer und Büro. In diesem Raum
hat man eine bessere Kontrolle, insbesondere wenn man mit Menschen zu tun hat.

5)   Persönliches Element: Wasser
        Raumelement: Wasser
Ein harmonischer, recht ruhiger und erfrischender Raum. Geeignet für Schlafzimmer, Büro und
Arbeitszimmer. Der Raum bietet viel Energie für Wachstum und Gesundheit.

DIE TRIGRAMME DER ACHT LEBENSSITUATIONEN

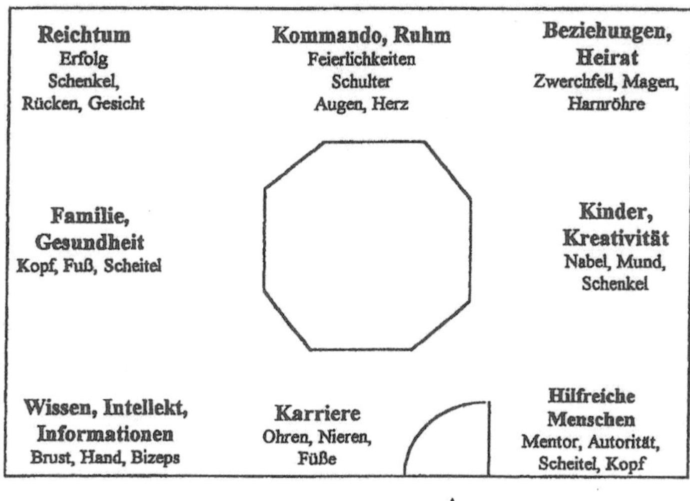

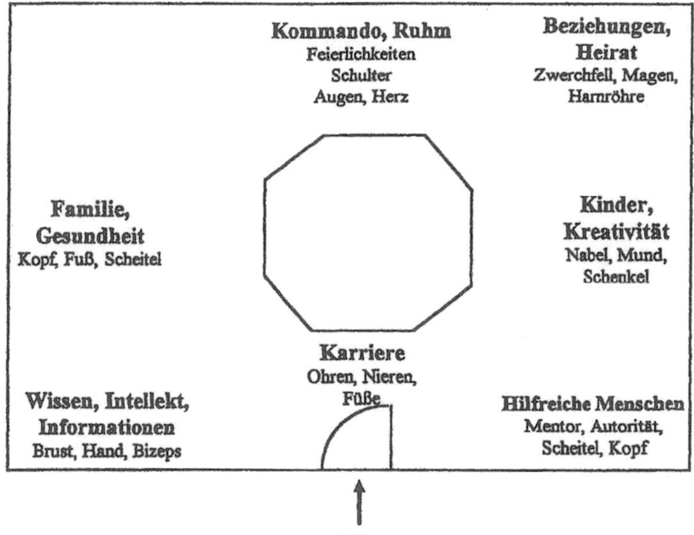

DIE ENTSTEHUNG DER ACHT TRIGRAMME (八卦 - BAGUA)

Jedes Trigramm wird von unten nach oben gelesen:

Die erste Linie repräsentiert die Erde.

Die zweite Linie repräsentiert den Menschen.

Die dritte Linie repräsentiert den Himmel.

3.	▬▬▬	Himmel
2.	▬▬▬	Mensch
1.	▬▬▬	Erde

YIN	▬ ▬	wird durch eine unterbrochene Linie dargestellt.
YANG	▬▬▬	wird durch eine durchgehende Linie dargestellt.

Jedes der acht Trigramme hat verschiedene Zuordnungen: Element, Familienmitglied, Kompaßrichtung, Naturerscheinung, Körperbereiche, Erkrankungen, Meridiane und eine Lo'Shu-Zahl.

durchgehende Linie = Vater, männlich
unterbrochene Line = Mutter, weiblich

CHIEN   6   Himmel, Vater, Autorität

KUN   2   Erde, Mutter, Nahrung, Liebe

Bei CHIEN die untere Linie geändert ergibt :

SUN   4   Wind, älteste Tochter, Wachstum, Handel

Bei Chien die mittlere Linie geändert ergibt:

LI   9   Feuer, zweite Tochter, Hitze

Bei CHIEN die obere Linie geändert ergibt:

TUI   7   See, jüngste Tochter, Freude, Glücklichsein

Bei KEN die obere Linie geändert ergibt:

KUN   2   Mutter

Bei KUN die untere Linie geändert ergibt:

CHEN   3   Donner, ältester Sohn, Geschwindigkeit, Straßen

Bei KUN die mittlere Linie geändert ergibt:

KAN   1   See, mittlerer Sohn, Rad, Gefahr

Bei KUN die obere Linie geändert ergibt:

KEN   8   Berg, jüngster Sohn, Hindernisse

Von CHIEN, dem Vater, verändern wir die Linie nacheinander von unten her, um die **Trigrammsymbole der Tochter** zu bilden.

Von KUN, der Mutter, verändern wir wiederum die Linien nacheinander von unten her, um die **Trigrammsymbole des Sohnes** zu bilden.

DIE ACHT TRIGRAMME

1) CHEN

☳

3   Frühling
Anregung, Beginn des Wachstums

震

Symbol:	Donner/Herrscher
Element:	Großes Holz
Farbe:	Grün
Himmelsrichtung:	Osten (Ostgruppe)
Stichworte:	Ältester Sohn, Mann, Drache, Hagelkorn, Trommelklang, Kaufmann, Matrose, Schreiner, Schreiber
Meridian:	Herzbeutel
Meridianverbindung:	Dreifacher Erwärmer
Krankheiten:	Herzerkrankungen, Beschwerden im oberen Bauchbereich, Geistesstörungen, Lähmungen und Schmerzen in den oberen Gliedmaßen, Schulter, Hysterie, Krämpfe, Ängste
Körperbereiche:	Füße, Hals

2) SUN

☴

4   Frühsommer
Vollendung des Wachstums

巽

Symbol:	Wind
Element:	Kleines Holz
Farbe:	Grün
Himmelsrichtung:	Südosten (Ostgruppe)
Stichworte:	Älteste Tochter, Frau, Huhn/Ente/Gans (Geflügel), Taoist, Reisender, Mandarin (Universitätsabschluß), Elektrizität, Gas und Kohle, Bambusprodukte, Blumen und Pflanzen, Wolken, Nebel und Dunst
Meridian:	Lunge
Verbundener Meridian:	Dickdarm
Krankheiten:	Erkältungskrankheiten, Haut, Gefäßerkrankungen, Halsprobleme, Rheuma (schwere Erkrankungen, die durch Wind verursacht werden)
Körperbereiche:	Oberschenkel und Gesäß

3) LI

**9   Hochsommer
         Helligkeit, Anhaftung**

Symbol:	Feuer
Element:	Feuer
Farbe:	Rot, Violett, Purpur
Himmelsrichtung:	Süden (Ostgruppe)
Stichworte:	Zweite Tochter, Frau im mittleren Alter, Koch, Person mit Augenerkrankung oder Blinder, in Rot gekleidete Person, rote Früchte, Blumenzucht
Meridian:	Herz
Meridianverbindung:	Dünndarm
Krankheiten:	Herzkrankheiten, Geistesstörungen und Sprachprobleme, Kreislauferkrankungen, Augenprobleme
Körperbereiche:	Augen und Herz

4) K'UN   2

**Frühherbst
Empfangen und Nähren**

Symbol:	Erde
Element:	Erde
Farbe:	Beige, gelb, braun, orange
Himmelsrichtung:	Südwesten (Westgruppe)
Stichworte:	Alte Frau, Ehefrau, Näherin/Schneider, Schauspieler(in), Arzt, Kuh, Kleidung/Stoff, Kräutermedizin, Pferd, Keramikziegel
Meridian:	Gouverneursgefäß (DU)
Meridianverbindung:	Konzeptionsgefäß (REN)
Krankheiten:	Störungen des Immunsystems, Nervenerkrankungen, Geistesstörungen, Beschwerden im Mundbereich, Verdauungsstörungen, Erkrankungen der Fortpflanzungsorgane
Körperbereiche:	Magen und Unterleib

5) TUI

**7   Spätherbst
Freude, Feiern**

Symbol: See
Element: Kleines Metall
Farbe: Gold, silber, weiß
Himmelsrichtung: Westen (Westgruppe)
Stichworte: Jüngste Tochter, junge Frau, Nonne, Ziege, Schaf,
     Singen, Mund und Zunge, Quellwasser,
     Verlorenes und Zerbrochenes, Regenwasser
Meridian: Dickdarm
Meridianverbindung: Lunge
Krankheiten: Beschwerden im Brustbereich, Hautprobleme,
     Schilddrüsenbeschwerden
Körperbereiche: Mund, Brust, Zähne

6) CHIEN

**6   Früher Winter
Kreativität**

Symbol: Himmel
Element: Großes Metall
Farbe: Gold, silber, weiß
Richtung: Nordwesten (Westgruppe)
Stichworte: Führungsbeamter, Weiser, alter Mensch, Patient,
     Mönch, Staatsbeamter, Pferd, Bäume und Früchte, Eis,
     Betrauernder von Sohn/Tochter
Meridian: Konzeptionsgefäß (REN)
Meridianverbindung: Gouverneursgefäß (DU)
Krankheiten: Verdauungsbeschwerden, Beschwerden im Genitalbereich,
     Blasen, Herz- und Lungenerkrankungen, Kopfprobleme
Körperbereiche: Kopf und Lunge

| 7) K'AN | 1 | Tiefster Winter |
| | | Geheimnis, langsame Bewegungen |

Symbol:	Wasser
Element:	Wasser
Farbe:	Blau
Himmelsrichtung:	Norden (Ostgruppe)
Beziehung:	Mittlerer Sohn, Mann im mittleren Alter, Fischer, Matrose, Bettler, Schwein, Fisch, Öl
Meridian:	Niere
Meridianverbindung:	Blase
Krankheiten:	Blasenbeschwerden, Erkrankungen der Fortpflanzungsorgane, Ödeme, Knochenmarks- und Nagelerkrankungen, Haarausfall und Ohrenkrankheiten, Ängste
Körperbereiche:	Ohren, Blut und Nieren

8) KEN	8	Spätwinter
		Stillhalten, Winterschlaf
		unter der Erde

Symbol:	Berg
Element:	Kleine Erde
Farbe:	Beige, gelb, braun, orange
Himmelsrichtung:	Nordosten (Westgruppe)
Beziehung	Jüngster Sohn, Jugend, Katze, Hund, Tiger, Wolf, Früchte und Gemüse, Ziegel und Steine
Meridian:	Magen
Meridianverbindung:	Milz
Krankheiten:	Magenbeschwerden, Verdauungsprobleme und andere Beschwerden im Bauchbereich, Lähmungen der unteren Extremitäten, Menstruationsprobleme und Störungen in den Fortpflanzungsorganen, Arthritis, gebrochene Hände
Körperteile:	Hände und Finger

DAS CHINESISCHE PA'KUA

Die Sequenz des Früheren Himmels oder die ursprüngliche Anordnung

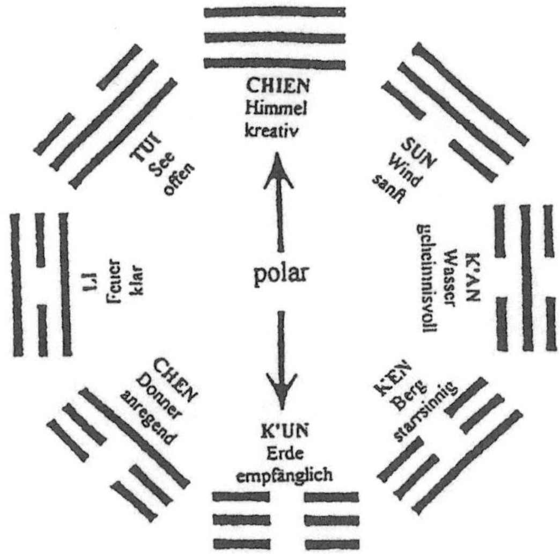

Die Sequenz des Späteren Himmels oder die Anordnung der inneren Welt

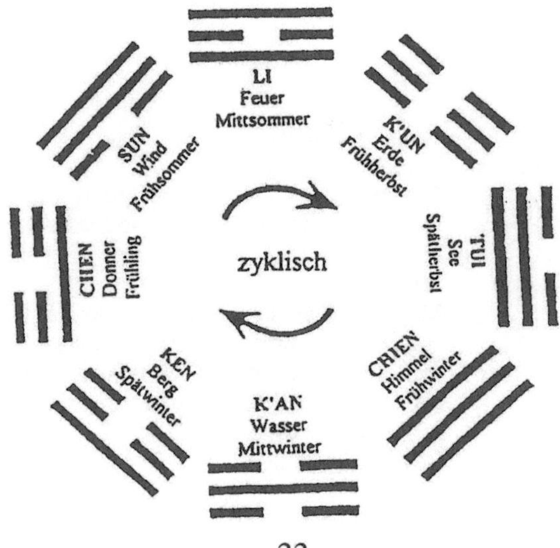

DAS CHINESISCHE PA'KUA

Das Pa'kua-Symbol für Glück, Freude und Langlebigkeit

Pa'Kua-Glücksbringer mit Chang Tao-Ling, der den Tiger reitet

DIE ACHT TRIGRAMME

SÜDEN

SO
SUN
HOLZ
4

S
LI
FEUER
9

SW
K'UN
ERDE
2

O
CHEN
HOLZ
3

ZENTRUM
中
ERDE
5

W
TUI
METALL
7

NO
KEN
ERDE
8

N
K'AN
WASSER
1

NW
CHIEN
METALL
6

NORDEN

DAS OST-WEST BESTIMMUNGSSYSTEM DER TRIGRAMME

Das persönliche Trigramm

Da wir alle zu unterschiedlichen Zeitpunkten geboren sind, werden wir von den Planetensystemen unterschiedlich beeinflußt und besitzen so unterschiedliche Eigenschaften. Des weiteren gibt es Himmelsrichtungen, die für uns mehr oder weniger günstig sind.
Mit Hilfe der Trigrammformel wird einer Person nach Geburtsjahr und Geschlecht eines der acht Trigramme zugeordnet. Dieses Trigramm wird als „persönliches Trigramm" bezeichnet.
Die acht Trigramme werden des weiteren in die Ost- und die Westgruppe unterteilt.
Die vier Trigramme K'AN (Wasser), CHEN (Holz), SUN (Holz) und LI (Feuer) gehören zur Ostgruppe, während die anderen vier Trigramme CHIEN (Metall), K'UN (Erde), TUI (Metall) und KEN (Erde) zur Westgruppe gehören. Entsprechend gehört eine Person nach ihrem Geburtsdatum damit auch zur Ost- bzw. Westgruppe.

Wie Sie Ihr persönliches Trigramm feststellen können

Jeder der acht Himmelsrichtungen wird ein Element und eine Zahl zugeordnet. Diese Zahlen wurden durch mathematische Berechnungen aus dem I-Ging abgeleitet. Obwohl es nur acht Trigramme gibt, haben wir neun Richtungen, denn die Mitte wird ebenfalls als eine Richtung betrachtet. In diesem System werden K'UN und K'EN in der Mitte nochmals aufgeführt und erhalten als weitere Zuordnung die Zahl 5.
Wenn Sie ihre Formel berechnet und für einen <u>Mann</u> als Rest die Zahl 5 erhalten, folgt dieser dem Trigramm <u>K'UN (2)</u>. Erhalten Sie für eine <u>Frau</u> Rest 5, folgen Sie dem Trigramm <u>KEN (8)</u>.

Die Trigramm-Berechnung

Die Berechnung des persönlichen Trigramms beruht hauptsächlich auf dem Geburtsjahr einer Person. Zwei Menschen gleichen Geschlechts, die im selben Jahr geboren sind, haben das gleiche Trigramm. Männer und Frauen des gleichen Jahrgangs haben meist unterschiedliche Trigramme.

Beispiel:
Ein Mann, der am 8. Juni 1960 geboren ist, gehört zum Trigramm SUN.
Eine Frau, die am 8. Juni 1960 geboren ist, gehört zum Trigramm KUN.

Um sicherzustellen, daß das richtige Geburtsjahr gewählt ist, müssen wir nach dem 4. oder 5. Februar (nach dem westlichen Kalender) gehen, welcher der offizielle letzte Tag des chinesischen Mondkalenderjahres ist. Jeder, der vor dem 4. oder 5. Februar eines bestimmten Jahres geboren ist, müßte das vorhergehende Jahr für die Bestimmung des Trigramms nehmen.
Wäre jemand beispielsweise am 2. Februar 1960 geboren, würde anstelle des Jahres 1960 das Jahr 1959 für die Berechnung der Trigrammformel verwendet werden.
Das liegt daran, daß die Feng Shui-Praxis auf dem chinesischen Mondjahr basiert. Der erste Frühlingstag ist der offizielle Beginn des chinesischen Jahrs. Der erste Frühlingstag fällt auf den 4. oder 5. Februar des westlichen Kalenders und verschiebt sich nicht weiter. Wenn Ihnen der zehntausendjährige Kalender nicht zur Verfügung steht, in dem sie ausführlichere Umrechnungstabellen für den Mondkalender und den westlichen Kalender finden, sollten sie den 5. Februar als den offiziellen letzten Tag eines chinesischen Kalenderjahres zu Grunde legen.

DIE PERSÖNLICHE TRIGRAMMFORMEL

1) Trigrammformel für Männer: (100 - Geburtsjahr) : 9 = x
Verwenden Sie dafür die beiden letzten Zahlen Ihres Geburtsjahres. Der Rest ist Ihre
Trigrammzahl. Wenn der Rest 0 beträgt, nehmen Sie die Trigrammzahl 9.

Beispiel:
Ein Mann, der am 6. März 1962 geboren wurde.
a) Setzen Sie die beiden letzten Zahlen Ihres Geburtsdatums in die Formel ein
b) Rechnen Sie (100 - 62) : 9 = 4, Rest 2
c) Sehen Sie in der Trigrammtabelle unter der Spalte „Männer" nach = K'UN
Ein Mann, der am 6. März 1962 geboren wurde, gehört zum Trigramm K'UN.

2) Trigrammformel für Frauen: (Geburtsjahr - 4) : 9 = x
Setzen Sie die beiden letzten Zahlen Ihres Geburtsjahres ein.
Der Rest ist Ihre Trigrammzahl. Wenn Sie einen Rest von 0 haben, nehmen Sie die
Trigrammzahl 9.

Beispiel:
Eine Frau, die am 20. August 1962 geboren wurde.
a) Setzen Sie die beiden letzten Zahlen ihres Geburtsjahres in die Formel ein.
b) Rechnen Sie (62 - 4) : 9 = x
c) Sehen Sie in der Trigrammtabelle unter der Spalte „Frauen" nach = SUN
Eine Frau, die am 20. August 1962 geboren wurde, gehört zum Trigramm SUN.

Trigrammzahlen

Männer	1	2	3	4	5	6	7	8	9
	KAN	K'UN	CHEN	SUN	K'UN	CHIEN	TUI	KEN	LI
Frauen	1	2	3	4	5	6	7	8	9
	KAN	K'UN	CHEN	SUN	KEN	CHIEN	TUI	KEN	LI

FRÜHLINGSANFANG

✓   zeigt an, daß der Frühling am 4. Februar beginnt

In allen anderen Jahren beginnt der Frühling am 5. Februar

1900 ✓	1920	1940	1960	1980	2000 ✓
1901 ✓	1921 ✓	1941 ✓	1961 ✓	1981 ✓	2001 ✓
1902	1922 ✓	1942 ✓	1962 ✓	1982 ✓	2002 ✓
1903	1923	1943	1963 ✓	1983 ✓	2003 ✓
1904	1924	1944	1964	1984 ✓	2004 ✓
1905 ✓	1925 ✓	1945 ✓	1965 ✓	1985 ✓	
1906	1926 ✓	1946 ✓	1966 ✓	1986 ✓	
1907	1927	1947	1967 ✓	1987 ✓	
1908	1928	1948	1968	1988 ✓	
1909 ✓	1929 ✓	1949 ✓	1969 ✓	1989 ✓	
1910	1930 ✓	1950 ✓	1970 ✓	1990 ✓	
1911	1931	1951 ✓	1971 ✓	1991 ✓	
1912	1932	1952	1972	1992 ✓	
1913 ✓	1933 ✓	1953 ✓	1973 ✓	1993 ✓	
1914	1934 ✓	1954 ✓	1974 ✓	1994 ✓	
1915	1935	1955 ✓	1975 ✓	1995 ✓	
1916	1936	1956	1976	1996 ✓	
1917 ✓	1937 ✓	1957 ✓	1977 ✓	1997 ✓	
1918 ✓	1938 ✓	1958 ✓	1978 ✓	1998 ✓	
1919	1939	1959 ✓	1979 ✓	1999 ✓	

DER TRIGRAMM KOMPAß

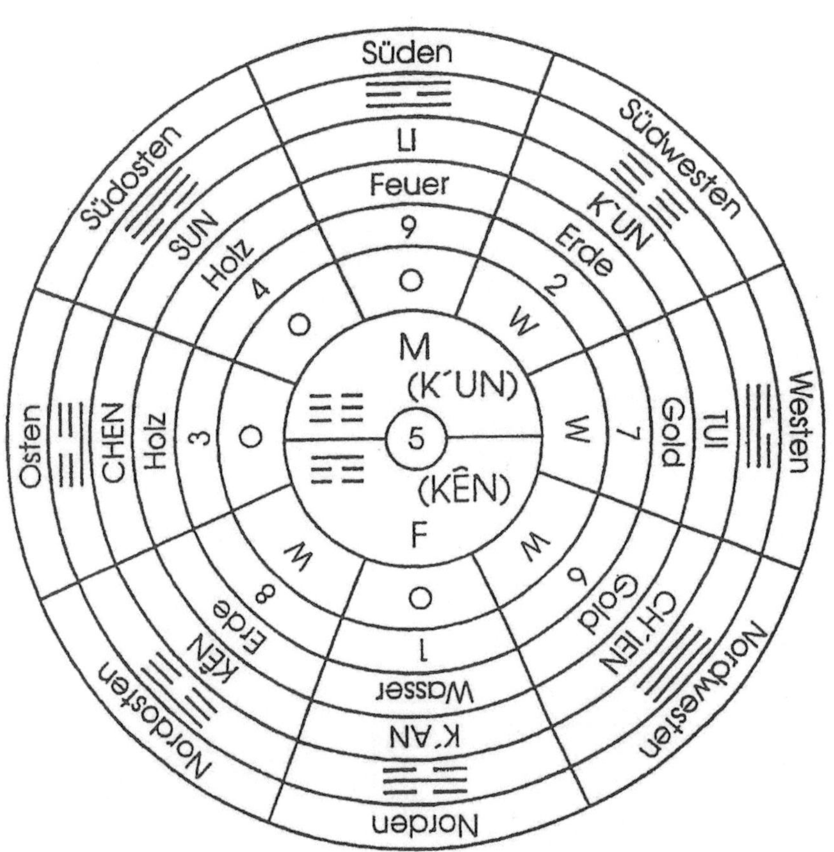

GEBURTSJAHR UND PERSÖNLICHES TRIGRAMM

Jahr	Trigramm Männer		Trigramm Frauen		Jahr	Trigramm Männer		Trigramm Frauen	
1900	K'AN	1	KEN	8	1930	TUI	7	KEN	8
1901	LI	9	CHIEN	6	1931	CHIEN	6	LI	9
1902	KEN	8	TUI	7	1932	K'UN	2	K'AN	1
1903	TUI	7	KEN	8	1933	SUN	4	K'UN	2
1904	CHIEN	6	LI	9	1934	CHEN	3	CHEN	3
1905	K'UN	2	K'AN	1	1935	K'UN	2	SUN	4
1906	SUN	4	K'UN	2	1936	K'AN	1	KEN	8
1907	CHEN	3	CHEN	3	1937	LI	9	CHIEN	6
1908	K'UN	2	SUN	4	1938	KEN	8	TUI	7
1909	K'AN	1	KEN	8	1939	TUI	7	KEN	8
1910	LI	9	CHIEN	6	1940	CHIEN	6	LI	9
1911	KEN	8	TUI	7	1941	K'UN	2	K'AN	1
1912	TUI	7	KEN	8	1942	SUN	4	K'UN	2
1913	CHIEN	6	LI	9	1943	CHEN	3	CHEN	3
1914	K'UN	2	K'AN	1	1944	K'UN	2	SUN	4
1915	SUN	4	K'UN	2	1945	K'AN	1	KEN	8
1916	CHEN	3	CHEN	3	1946	LI	9	CHIEN	6
1917	K'UN	2	SUN	4	1947	KEN	8	TUI	7
1918	K'AN	1	KEN	8	1948	TUI	7	KEN	8
1919	LI	9	CHIEN	6	1949	CHIEN	6	LI	9
1920	KEN	8	TUI	7	1950	K'UN	2	K'AN	1
1921	TUI	7	KEN	8	1951	SUN	4	K'UN	2
1922	CHIEN	6	LI	9	1952	CHEN	3	CHEN	3
1923	K'UN	2	K'AN	1	1953	K'UN	2	SUN	4
1924	SUN	4	K'UN	2	1954	K'AN	1	KEN	8
1925	CHEN	3	CHEN	3	1955	LI	9	CHIEN	6
1926	K'UN	2	SUN	4	1956	KEN	8	TUI	7
1927	K'AN	1	KEN	8	1957	TUI	7	KEN	8
1928	LI	9	CHIEN	6	1958	CHIEN	6	LI	9
1929	KEN	8	TUI	7	1959	K'UN	2	K'AN	1

Anmerkung:

Der 5. Februar ist der letzte Tag des chinesischen Kalenderjahres.

GEBURTSJAHR UND PERSÖNLICHES TRIGRAMM

Jahr	Trigramm Männer	Trigramm Frauen	Jahr	Trigramm Männer	Trigamm Frauen
1960	SUN 4	K'UN 2	1990	K'AN 1	KEN 8
1961	CHEN 3	CHEN 3	1991	LI 9	CHIEN 6
1962	K'UN 2	SUN 4	1992	KEN 8	TUI 7
1963	K'AN 1	KEN 8	1993	TUI 7	KEN 8
1964	LI 9	CHIEN 6	1994	CHIEN 6	LI 9
1965	KEN 8	TUI 7	1995	K'UN 2	K'AN 1
1966	TUI 7	KEN 8	1996	SUN 4	K'UN 2
1967	CHIEN 6	LI 9	1997	CHEN 3	CHEN 3
1968	K'UN 2	K'AN 1	1998	K'UN 2	SUN 4
1969	SUN 4	K'UN 2	1999	K'AN 1	KEN 8
1970	CHEN 3	CHEN 3	2000	LI 9	CHIEN 6
1971	K'UN 2	SUN 4	2001	KEN 8	TUI 7
1972	K'AN 1	KEN 8	2002	TUI 7	KEN 8
1973	LI 9	CHIEN 6	2003	CHIEN 6	LI 9
1974	KEN 8	TUI 7	2004	K'UN 2	K'AN 1
1975	TUI 7	KEN 8	2005	SUN 4	K'UN 2
1976	CHIEN 6	LI 9	2006	CHEN 3	CHEN 3
1977	K'UN 2	K'AN 1	2007	K'UN 2	SUN 4
1978	SUN 4	K'UN 2	2008	K'AN 1	KEN 8
1979	CHEN 3	CHEN 3	2009	LI 9	CHIEN 6
1980	K'UN 2	SUN 4	2010	KEN 8	TUI 7
1981	K'AN 1	KEN 8	2011	TUI 7	KEN 8
1982	LI 9	CHIEN 6	2012	CHIEN 6	LI 9
1983	KEN 8	TUI 7	2013	K'UN 2	K'AN 1
1984	TUI 7	KEN 8	2014	SUN 4	K'UN 2
1985	CHIEN 6	LI 9	2015	CHEN 3	CHEN 3
1986	K'UN 2	K'AN 1	2016	K'UN 2	SUN 4
1987	SUN 4	K'UN 2	2017	K'AN 1	KEN 8
1988	CHEN 3	CHEN 3	2018	LI 9	CHIEN 6
1989	K'UN 2	SUN 4	2019	KEN 8	TUI 7

DIE BESTIMMUNG DES HAUS- UND WOHNUNGSTRIGRAMMS

Eine Wohnung/ein Haus hat eine Sitzposition und eine Blickrichtung.
In der Regel befindet sich die <u>Sitzposition</u> auf der Rückseite des Gebäudes/
der Wohnung, <u>gegenüber vom Eingang</u>.
Steht man in der Tür und schaut nach draußen, so ist dies die Blickrichtung. Im
Rücken befindet sich damit die Sitzposition. Mit Hilfe eines Kompasses kann die
genaue Ausrichtung abgelesen werden.

<u>Das Haus-/Wohnungstrigramm wird durch die Sitzposition bestimmt.</u>

Die Sitzrichtung wird durch das Symbol   ⌣   dargestellt.

Die Blickrichtung wird durch das Symbol   ↑   dargestellt.

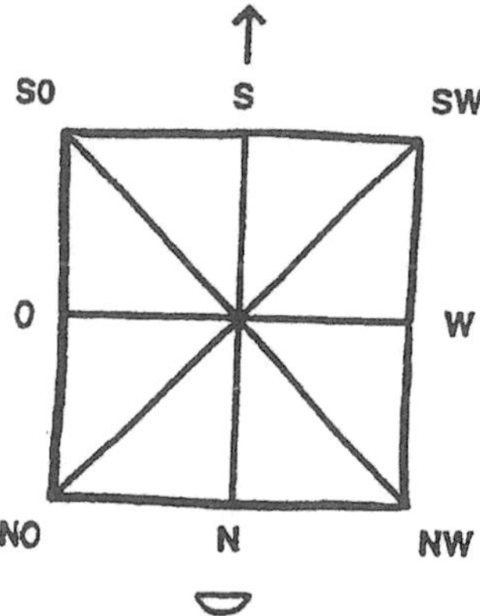

Beispiel: K'AN Haus
Sitz im Norden,
Blick nach Süden

Sitzposition	Blickrichtung	Trigramm
Norden	Süden	K'AN
Süden	Norden	LI
Osten	Westen	CHEN
Westen	Osten	TUI
Nordosten	Südwesten	KEN
Südwesten	Nordosten	K'UN
Nordwesten	Südosten	CHIEN
Südosten	Nordwesten	SUN

Beispiel 1: K'UN Haustrigramm
Sitz im Südwesten, Blick nach Nordosten

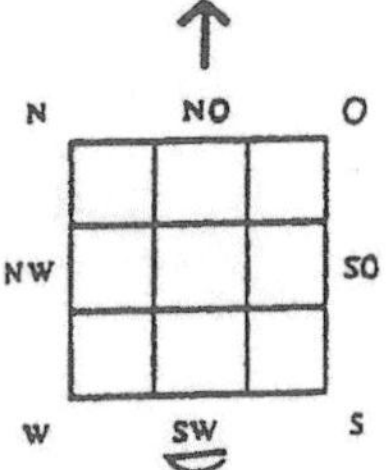

Beispiel 2: K'AN Haustrigramm
Sitz im Norden, Blick nach Süden

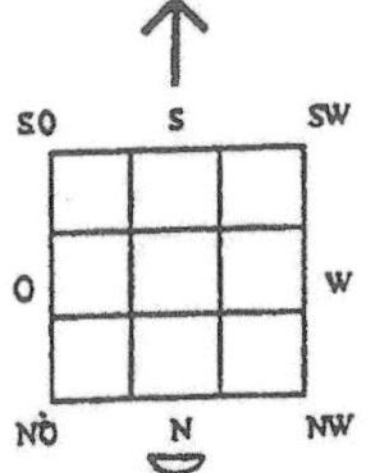

Beispiel 3: CHEN Haustrigramm
Sitz im Osten, Blick nach Westen

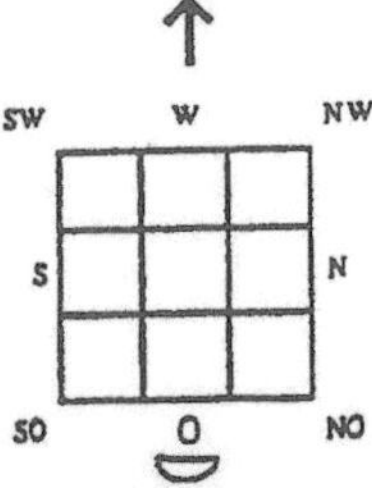

Beispiel 4: CHIEN Haustrigramm
Sitz im Nordwesten, Blick nach Südosten

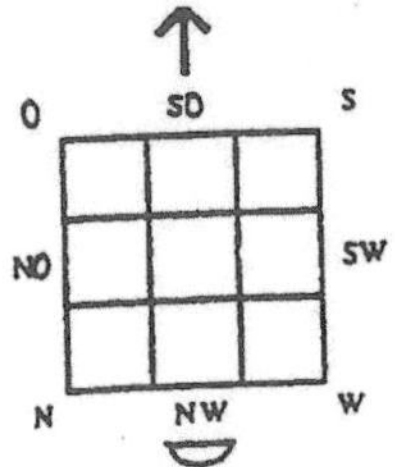

Beispiel 5: KEN Haustrigramm
Sitz im Nordosten, Blick nach Südwesten

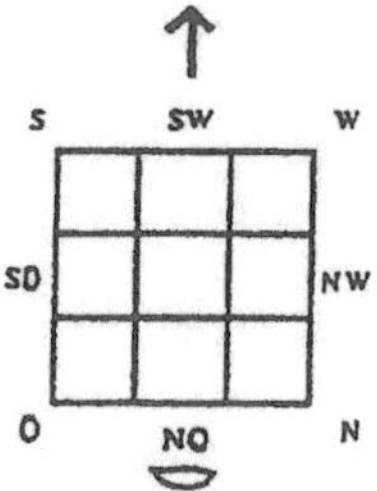

Beispiel 6: SUN Haustrigramm
Sitz im Südosten, Blick nach Nordwesten

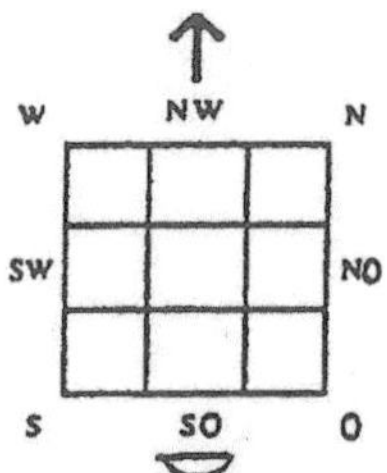

Beispiel 7: TUI Haustrigramm
Sitz im Westen, Blick nach Osten

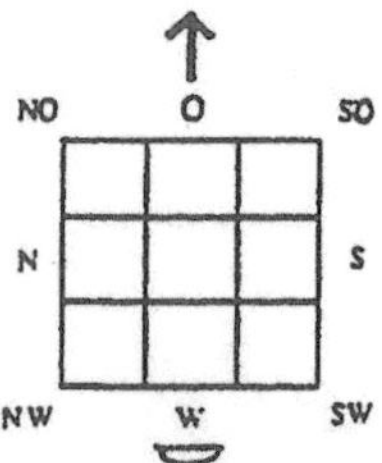

Beispiel 8: LI Haustrigramm
Sitz im Süden, Blick nach Norden

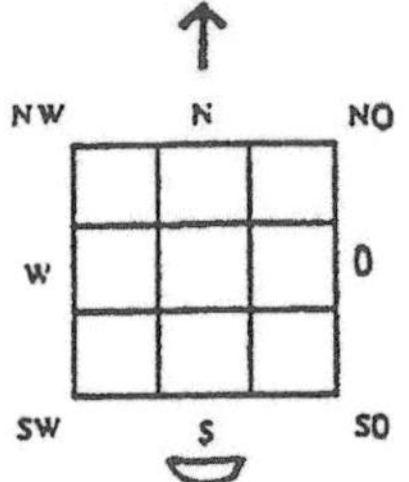

BESTIMMUNG VON SITZPOSITION UND BLICKRICHTUNG

Es gelten die folgenden Richtlinien:

1) Haupteingang	liegt normalerweise auf der Vorderseite des Gebäudes oder der Wohnung
2) Verkehr oder gegenüberliegende Straße	die Seite mit dem stärksten Verkehrsfluß kann die Hausvorderseite sein
3) Raumanordnung normalerweise	Schlafzimmer oder Küche befinden sich
	auf der Seite der Sitzposition (hinten) während sich Wohnzimmer und weitere Wohnräume meist auf der Vorderseite in der Nähe des Eingangs befinden.

Die oben genannten Regeln sind Richtlinien.

Beispiel für eine Ausnahme: Ein Haus mit dem Eingang zur Bergseite, während man hinten eine wunderbare Aussicht auf einen See hat. Feng Shui-Lernende sind manchmal durch diese Art von Hausausrichtung verwirrt und halten die Eingangsseite fälschlicherweise für die Vorderseite des Hauses. In diesem Fall ist es jedoch die Seite zum See hin die Vorderseite des Hauses, denn dies wird anhand der Raumanordnung entschieden - in diesem Fall liegt das Wohnzimmer auf der Seeseite.

PRIORITÄTEN TRIGRAMME UND ELEMENTE

1. Element des Geburtsjahres

2. Trigramm des Hauses/der Wohnung

3. Element des persönlichen Trigramms

4. Trigramm des gesamten Gebäudes

5. Trigramm des Grundstücks

6. Trigramm des Wohnortes

7. Trigramm des Landes

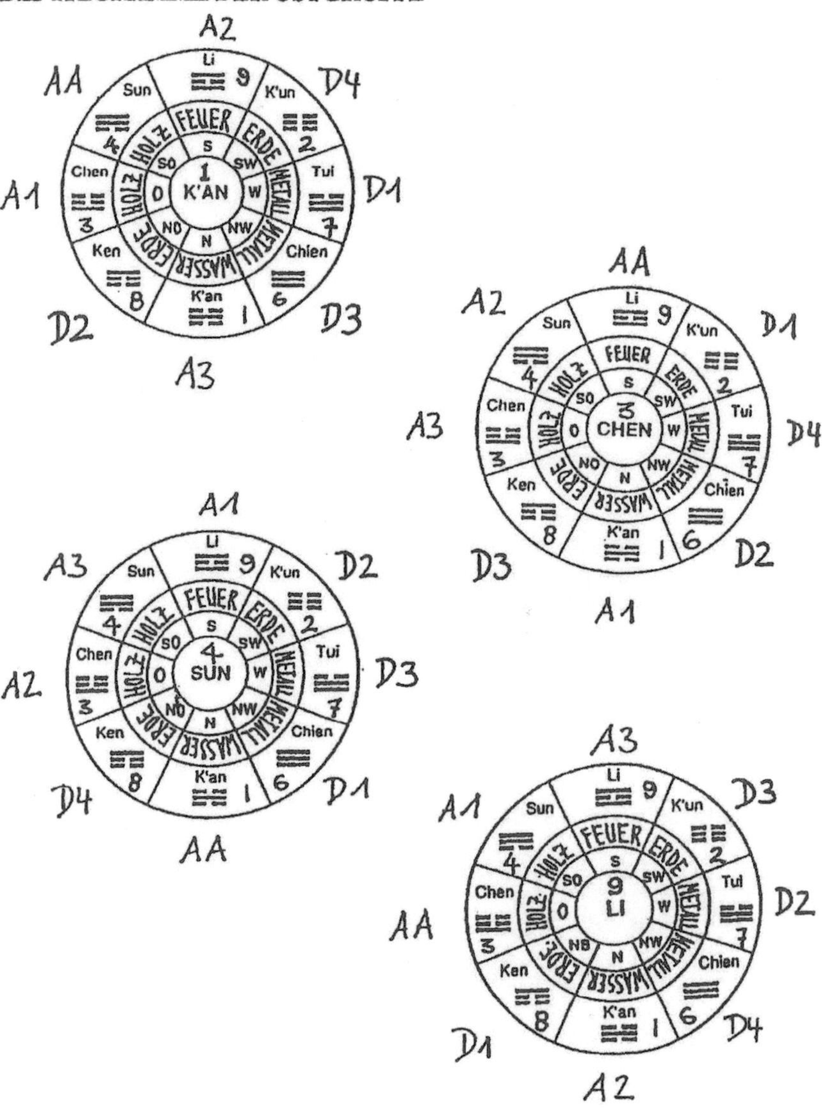

DIE TRIGRAMME DER WESTGRUPPE

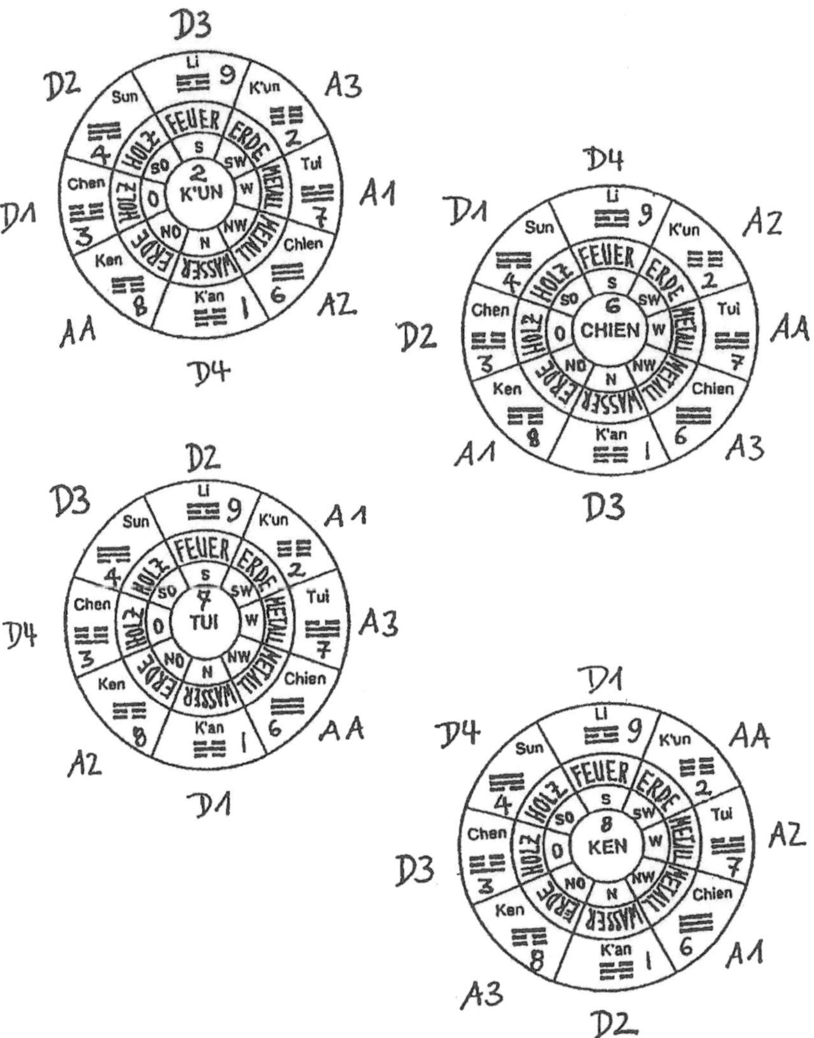

DIE ACHT TRIGRAMME

Jeder Qi-Grad hat einen alphabetischen Code und ist so leicht zu identifizieren. Die
günstigsten Grade sind AA, A1, A2 und A3. Ungünstige Grade sind D1, D2, D3 und D4.
Der Grad AA ist am günstigsten, während D4 am ungünstigsten ist und sogar
lebensbedrohlich wirken kann.

AA - Sheng Qi

Dieser günstigste Grad bedeutet äußerst frische und gute Lebensenergie, hohe Vitalität und
einen sanften Qifluß. Es ist günstig, in diesem Bereich zu schlafen, was die Lebenskraft,
Intuition und eine gute Kommunikation mit den Geistführern unterstützt. Diese Position
bringt Glück, guten Erfolg und günstige Umstände. Dieser Bereich unterstützt eine
hervorragende politische Karriere, eine angesehene Position in der Gemeinschaft und
akademisch herausragende Leistungen.

A1 - Tien Yi

Tien Yi bedeutet universelle, göttliche Heilung oder „himmlischer Arzt". Dieses Qi wirkt
heilend und ist voller Liebesenergie. Hauseingänge und der Eingang zum Schlafzimmer
sowie der Schlafplatz in diesem Bereich verstärken die Heilung und führen zu guter
Gesundheit und Sicherheit. Dieser Platz ist für diejenigen günstig, die Gesundheitsprobleme
und eine geringe Vitalität haben. Dieser Bereich bringt den Wohlstand und Reichtum der
oberen Mittelklasse.

A2 - Yien Nien

Yien Nien bedeutet Ausdehnung von Zeit und Jahr oder Langlebigkeit mit guten
Nachkommen. Es fördert die Toleranz in der Familie, Harmonie und Güte. Hervorragend für
den Eingang zum Familien- oder Schlafzimmer, um die Familienharmonie zu stärken.
Diejenigen, die Beziehungs- und Harmonieprobleme mit ihren Kindern haben, sollten in
diesem Bereich die Wohnzimmer oder Schlafzimmertür haben. Dieser Bereich ist günstig
für eine frühe Heirat sowie für Reichtum und Erfolg im Leben. Kinderlose Paare sollten hier
ihr Schlafzimmer haben.

A3 - Fu Wei

Steht bei den günstigsten Positionen an letzter Stelle. Fu Wei bezieht sich auf das „eigene,
grundlegende Selbst". Dieser Platz verstärkt die persönlichen Fähigkeiten und Fertigkeiten
und entwickelt die Kraft, um in Beruf und Karriere erfolgreich zu sein. Dieser Bereich ist
für Geschäftsleute und Manager hervorragend geeignet. Sie unterstützt auch einen klaren
Kopf, friedliche Beziehungen und einen guten Umgang mit den Dingen. Die Bewohner
haben ein gutes Leben, sind aber nicht wohlhabend.

D1 - Woh Hai

Dies ist noch der beste der ungünstigsten Bereiche. Woh Hai bedeutet Unfälle und
Unglücksfälle. Dieser Bereich kann kleinere Katastrophen, kleinere Gerichtsfälle, geringen
Geldverlust, kleinere Autounfälle, den Verlust des Arbeitsplatzes oder das Nichtbestehen
einer kleineren Prüfung bewirken.

D2 - Liu Shah

Liu Shah bedeutet „sechs Morde" oder Leiden. Dies ist die zweitungünstigste Position.
Wenn sich der Eingang oder das Schlafzimmer in dieser Position befinden, gibt es in Haus
und Büro viele Streitigkeiten, Scheidung und Disharmonien. Es treten rechtliche Probleme
und damit verbundener Geldverlust auf. Ein Geschäft oder Betrieb könnte erfolglos sein, in
diesem Zusammenhang könnte ein Familienmitglied sterben.

D3 - Wu Kuei

Wu Kuei bedeutet „Fünf Geister". Dies ist der drittungünstigste Bereich. Wenn sich hier
wichtige Arbeitsplätze und der Schlafplatz befinden, gibt es viele Streitigkeiten, Scheidung
und Disharmonie zuhause und am Arbeitsplatz. Feuer oder Diebstahl sind möglich. Die
Bewohner mit niedriger Vitalität können sterben oder unter einer langen Depression oder
langwierigen Krankheit leiden. Normalerweise befindet sich in diesem Bereich die Toilette,
Abstellkammer oder ein anderer Raum, der selten genutzt wird.

D4 - Chueh Ming

Chueh Ming bedeutet „vollständiger Verlust des Lebens" oder „lebensbedrohlich" und ist
der ungünstigste Bereich. Er wird normalerweise mit Raum, Verlust von Grundstücksbesitz,
unheilbaren Krankheiten, Pleiten, Verlust der Kinder (insbesondere der Jungen), ständigen
Pechsträhnen und Krankheit in der Familie in Verbindung gebracht. Es sollte vermieden
werden, daß die Haupteingangstür, das Schlafzimmer und wichtige Arbeitsplätze in diesem
Bereich liegen, damit keine negative Energie und Unglück angezogen werden.

Zusammenfassung der Trigramm-Bedeutungen

		Haus	Pers.
AA	Große Erfolge und Glück	80%	40%
A1	Guter Erfolg, Wohlstand und hilfreiche Freunde/Angestellte	70%	35%
A2	Gutes Einkommen, Familienharmonie, gute Harmonie bei der Arbeit	60%	30%
A3	Friedlicher und guter Umgang mit den Dingen	50%	25%
D1	Disharmonie, viele Probleme und potentielle Gerichtsverfahren	-60%	-30%
D2	Einige Mißgeschicke, geringer Geldverlust	-70%	-35%
D3	Unfallneigung, erfolglos im Beruf, ungünstige Einflüsse	-80%	-40%
D4	Verlust von Reichtum, Verlust der Arbeit, Pleite, Raub, schwere Gesundheitsprobleme	-90%	-45%

Jeder Grad wird mit einem speziellen Qi in Verbindung gebracht, das sich auf das
psychische Verhalten und die allgemeine Gesundheit von Mensch und Tier auswirkt.

DIE RICHTUNGSBEWERTUNGEN DER OSTGRUPPE

	LI	SUN	K'AN	CHEN
Süden	A3	A1	A2	AA
Südwesten	D2	D3	D4	D1
Westen	D3	D2	D1	D4
Nordwesten	D4	D1	D2	D3
Norden	A2	AA	A3	A1
Nordosten	D1	D4	D3	D2
Osten	AA	A2	A1	A3
Südosten	A1	A3	AA	A2

DIE RICHTUNGSBEWERTUNGEN DER WESTGRUPPE

	KUN	TUI	KEN	CHIEN
Süden	D2	D3	D1	D4
Südwesten	A3	A1	AA	A2
Westen	A1	A3	A2	AA
Nordwesten	A2	AA	A1	A3
Norden	D4	D1	D3	D2
Nordosten	AA	A2	A3	A1
Osten	D1	D4	D2	D3
Südosten	D3	D2	D4	D1

DAS OST-WEST-SYSTEM

Haustrigramm und persönliches Trigramm müssen für die Harmonie, gute Gesundheit und Glück aufeinander abgestimmt werden.

- Eine Person der Ost-Gruppe sollte am besten in einem Haus der Ost-Gruppe wohnen, eine Person der West-Gruppe in einem West-Haus

- Ost-Gruppen-Richtungen:

  KAN (Norden)   - Wasser
  CHEN (Osten)   - Holz
  SUN (Südost)   - Holz
  LI (Süden)[1]   - Feuer

- West-Gruppen-Richtungen:

  CHIEN (Nordwest)-Metall
  KUN (Südwest)   - Erde
  TUI (Westen)   - Metall
  KEN (Nordost)   - Erde

- Schlafzimmer sollten vorzugsweise in einem A-Bereich liegen.

- Ist das nicht möglich, sollte eine Person ihre Schlafrichtung auf die günstigste Schlafzimmerrichtung ihres persönlichen Trigramms abstimmen.

- Die Person sollte sich in den Bereichen aufhalten, die zu ihren besten Kompaßrichtungen gehören und dabei auch das Mikro-Gitter (AA-A3 im Raum) berücksichtigen.

- Wenn nicht anders möglich, sollte zumindest das Persönliches Element der Person in Harmonie mit dem Raumelement sein.

- Es ist nicht empfehlenswert, daß die Partner getrennt schlafen, da dies die Harmonie und die spirituellen Bande zerstört.

- Vergleichen Sie das Element Ihres persönlichen Trigramms mit dem Element des Raumes, um evtl. Abhilfen einzusetzen, wenn ein Konflikt vorliegt.
  Beispiel: Metall-Person im südlichen Raum (LI) - Feuerelement

DIE BESTEN LO' SHU ZAHLEN FÜR MÄNNER

Trigramm-zahl	Beste Lo' Shu Zahl (AA - Sheng Qi)	Zweitbeste Lo'Shu Zahl (A1 - Tien Yi)	Drittbeste Lo' Shu Zahl (A2 - Yien Nien)	Viertbeste Lo' Shu Zahl (A3- Fu Wei)
1 K'AN	4	3	9	1
3 CHEN	9	1	4	3
4 SUN	1	9	3	4
9 LI	3	4	1	9
5 KUN	8	7	6	2
2 KUN	8	7	6	2
6 CHIEN	7	8	2	6
7 TUI	6	2	8	7
8 KEN	2	6	7	8

DIE BESTEN LO' SHU ZAHLEN FÜR FRAUEN

Trigramm-zahl	Beste Lo' Shu Zahl (AA - Sheng Qi)	Zweitbeste Lo'Shu Zahl (A1 - Tien Yi)	Drittbeste Lo' Shu Zahl (A2 - Yien Nien)	Viertbeste Lo' Shu Zahl (A3- Fu Wei)
1 K'AN	4	3	9	1
3 CHEN	9	1	4	3
4 SUN	1	9	3	4
9 LI	3	4	1	9
5 KUN	2	6	7	8
2 KUN	8	7	6	2
6 CHIEN	7	8	2	6
7 TUI	6	2	8	7
8 KEN	2	6	7	8

DIE UNGÜNSTIGSTEN LO' SHU ZAHLEN FÜR MÄNNER

Trigramm-zahl	Viertungünst. Lo' Shu Zahl (D1 - Woh Hai)	Drittungünst. Lo'Shu Zahl (D2 - Wu Kuei)	Zweitungünst. Lo' Shu Zahl (D3 - Lui Shah)	Ungünstigste Lo' Shu Zahl (D4-Chueh Mingh)
1 K'AN	7	6	8	2
3 CHEN	2	8	6	7
4 SUN	6	7	2	8
9 LI	8	2	7	6
5 KUN	3	9	4	1
2 KUN	3	9	4	1
6 CHIEN	4	1	3	9
7 TUI	1	4	9	3
8 KEN	9	3	1	4

DIE UNGÜNSTIGSTEN LO' SHU ZAHLEN FÜR FRAUEN

Trigramm-zahl	Viertungünst. Lo' Shu Zahl (D1 - Woh Hai)	Drittungünst. Lo'Shu Zahl (D2 - Wu Kuei)	Zweitungünst. Lo' Shu Zahl (D3 - Liu Shah)	Ungünstigste Lo' Shu Zahl (D4-Chueh Mingh)
1 K'AN	7	6	8	2
3 CHEN	2	8	6	7
4 SUN	6	7	2	8
9 LI	8	2	7	6
5 KUN	9	3	1	4
2 KUN	3	9	4	1
6 CHIEN	4	1	3	9
7 TUI	1	4	9	3
8 KEN	9	3	1	4

GÜNSTIGE REISERICHTUNGEN NACH DEM PERSÖNLICHEN TRIGRAMM

<u>Wenn möglich sollte man aus der besten Richtung des persönlichen Trigramms reisen.</u>

Beispiel: KEN 8

Die beste Himmelsrichtung für **KEN** ist Südwesten.

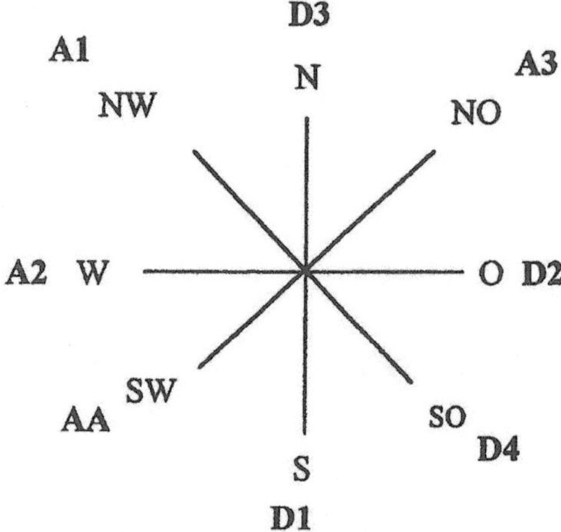

Günstige Reiserichtung: nach Nordosten

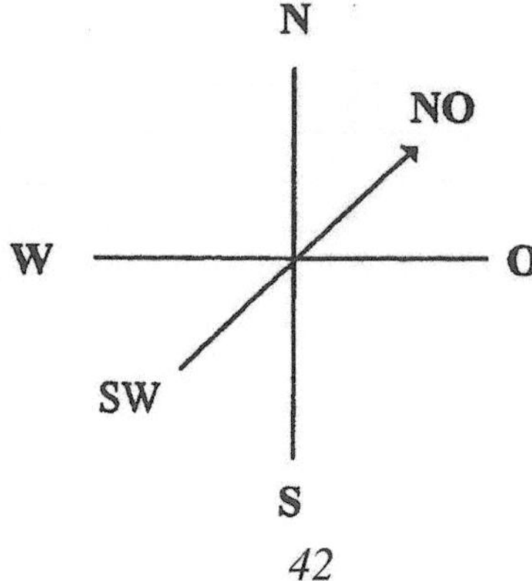

DIE BESTEN KOMPASSRICHTUNGEN FÜR MÄNNER

Trigramm-zahl	Beste Richtung	Zweitbeste Richtung	Drittbeste Richtung	Viertbeste Richtung
1 K'AN	Südosten	Osten	Süden	Norden
3 CHEN	Süden	Norden	Südosten	Osten
4 SUN	Norden	Süden	Osten	Südosten
9 LI	Osten	Südosten	Norden	Süden
5 KUN	Nordosten	Westen	Nordwesten	Südwesten
2 KUN	Nordosten	Westen	Nordwesten	Südwesten
6 CHIEN	Westen	Nordosten	Südwesten	Nordwesten
7 TUI	Nordwesten	Südwesten	Nordosten	Westen
8 KEN	Südwesten	Nordwesten	Westen	Nordosten

DIE BESTEN KOMPASSRICHTUNGEN FÜR FRAUEN

Trigramm-zahl	Beste Richtung	Zweitbeste Richtung	Drittbeste Richtung	Viertbeste Richtung
1 K'AN	Südosten	Osten	Süden	Norden
3 CHEN	Süden	Norden	Südosten	Osten
4 SUN	Norden	Süden	Osten	Südosten
9 LI	Osten	Südosten	Norden	Süden
5 KUN	Südwesten	Nordwesten	Westen	Nordosten
2 KUN	Nordosten	Westen	Nordwesten	Südwesten
6 CHIEN	Westen	Nordosten	Südwesten	Nordwesten
7 TUI	Nordwesten	Südwesten	Nordosten	Westen
8 KEN	Südwesten	Nordwesten	Westen	Nordosten

DIE UNGÜNSTIGSTEN KOMPAßRICHTUNGEN FÜR MÄNNER

Trigramm-zahl	Viertungünst. Richtung	Drittungünst. Richtung	Zweitungünst. Richtung	Ungünstigste Richtung
1 K'AN	Westen	Nordwesten	Nordosten	Südwesten
3 CHEN	Südwesten	Nordosten	Nordwesten	Westen
4 SUN	Nordwesten	Westen	Südwesten	Nordosten
9 LI	Nordosten	Südwesten	Westen	Nordwesten
5 KUN	Osten	Süden	Südosten	Norden
2 KUN	Osten	Süden	Südosten	Norden
6 CHIEN	Südosten	Norden	Osten	Süden
7 TUI	Norden	Südosten	Süden	Osten
8 KEN	Süden	Osten	Norden	Südosten

DIE UNGÜNSTIGSTEN KOMPAßRICHTUNGEN FÜR FRAUEN

Trigramm-zahl	Viertungünst. Richtung	Drittungünst. Richtung	Zweitungünst. Richtung	Ungünstigste Richtung
1 K'AN	Westen	Nordwesten	Nordosten	Südwesten
3 CHEN	Südwesten	Nordosten	Nordwesten	Westen
4 SUN	Nordwesten	Westen	Südwesten	Nordosten
9 LI	Nordosten	Südwesten	Westen	Nordwesten
5 KUN	Süden	Osten	Norden	Südosten
2 KUN	Osten	Süden	Südosten	Norden
6 CHIEN	Südosten	Norden	Osten	Süden
7 TUI	Norden	Südosten	Süden	Osten
8 KEN	Süden	Osten	Norden	Südosten

ÜBERSICHT ÜBER DIE TRIGRAMMRICHTUNGEN

Persönl. Trigramm	Ost/West-Gruppe	Fünf Elemente	Richtungen für den Eingang		Richtungen für das wichtigste Schlafzimmer	
			Günstig	Ungünstig	Günstig	Ungünstig
K'AN 1	Ostgrupe	Wasser	AA SO A1 O A2 S A3 N	D1 W D2 NW D3 NO D4 SW	A3 N A2 S A1 O AA SO	D1 W D2 NW D3 NO D4 SW
K'UN 2	Westgruppe	Erde	AA NO A1 W A2 NW A3 SW	D1 O D2 S D3 SO D4 N	A3 SW A2 NW A1 W AA NO	D1 O D2 S D3 SO D4 N
CHEN 3	Ostgruppe	Holz	AA S A1 N A2 SO A3 O	D1 SW D2 NO D3 NW D4 W	A3 O A2 SO A1 N AA S	D1 SW D2 NO D3 NW D4 W
SUN 4	Ostgruppe	Holz	AA N A1 S A2 O A3 SO	D1 NW D2 W D3 SW D4 NO	A3 SO A2 O A1 S AA N	D1 NW D2 W D3 SW D4 NO
CHIEN 6	Westgruppe	Metall	AA W A1 NO A2 SW A3 NW	D1 SO D2 N D3 O D4 S	A3 NW A2 SW A1 NO AA W	D1 SO D2 N D3 O D4 S
TUI 7	Westgruppe	Metall	AA NW A1 SW A2 NO A3 W	D1 N D2 SO D3 S D4 O	A3 W A2 NO A1 SW AA NW	D1 N D2 SO D3 S D4 O
KEN 8	Westgruppe	Erde	AA SW A1 NW A2 W A3 NO	D1 S D2 O D3 N D4 SO	A3 NO A2 W A1 NW AA SW	D1 S D2 O D3 N D4 SO
LI 9	Ostgruppe	Feuer	AA O A1 SO A2 N A3 S	D1 NO D2 SW D3 W D4 NW	A3 S A2 N A1 SO AA O	D1 NO D2 SW D3 W D4 NW

Schlüsselworte für die Bereiche

AA Große Errungenschaften, Glück und Ruhm

A1 Großer Erfolg, Reichtum und hilfreiche Freunde/Angestellte

A2 Gutes Einkommen, Harmonie in der Familie und gute Harmonie bei der Arbeit

A3 Friedvoller und guter Umgang mit den Dingen

D1 Disharmonie, viele Probleme, mögliche Gerichtsverfahren

D2 Einige Mißgeschicke, Verlust von etwas Geld und ungünstige Einflüsse

D3 Unfallneigung, erfolglos im Beruf und ungünstige Einflüsse

D4 Verlust von Reichtum, Verlust der Arbeit, Raub, Pleite, schwere Gesundheitsprobleme

FARBTAFEL FÜR DAS SCHLAFZIMMER

Die verwendeten Farben sollten miteinander harmonisieren und zum Fütterungszyklus der Elemente des persönlichen Trigramms oder derselben Elemente-Gruppe gehören.
Farben, die zum Zerstörungszyklus oder Reduzierungs-Zyklus gehören, sollten vermieden werden.

Persönliches Trigrammelement	Bevorzugte Farben (Element)	Begründung	Ungeeignete Farben (Element)	Begründung
CHEN & SUN (Holz)	1) Hellblau (Wasser) 2) Hellgrün (Holz)	Wasser nährt Holz Gleiches Element	1) Gold (Metall) 2) Rot (Feuer)	Metall kontrolliert Holz Feuer reduziert Holz
KUN & KEN (Erde)	1) Rot (Feuer) 2) Gelb (Erde)	Feuer nährt Erde Gleiches Element	1) Hellgrün 2) Gold (Metall)	Holz beherrscht Erde Metall schwächt Erde
CHIEN & TUI (Metall)	1) Gelb (Erde) 2) Gold (Metall)	Erde bringt Metall hervor	1) Rot (Feuer) 2) Hellblau	Feuer schmilzt Metall 2) Wasser schwächt Metall
K'AN (Wasser)	1) Gold (Metall) 2) Hellblau (Wasser)	Metall bringt Wasser hervor	1) Gelb (Erde) 2) Hellgrün (Holz)	Erde kontrolliert Wasser Holz schwächt Wasser
LI (Feuer)	1) Hellgrün (Holz) 2) Rot (Feuer)	Holz nährt Feuer Gleiches Element	1) Hellblau (Wasser) 2) Gelb (Erde)	Wasser löscht Feuer Erde schwächt Feuer

SCHLAFPOSITION EINER PERSON DER OSTGRUPPE

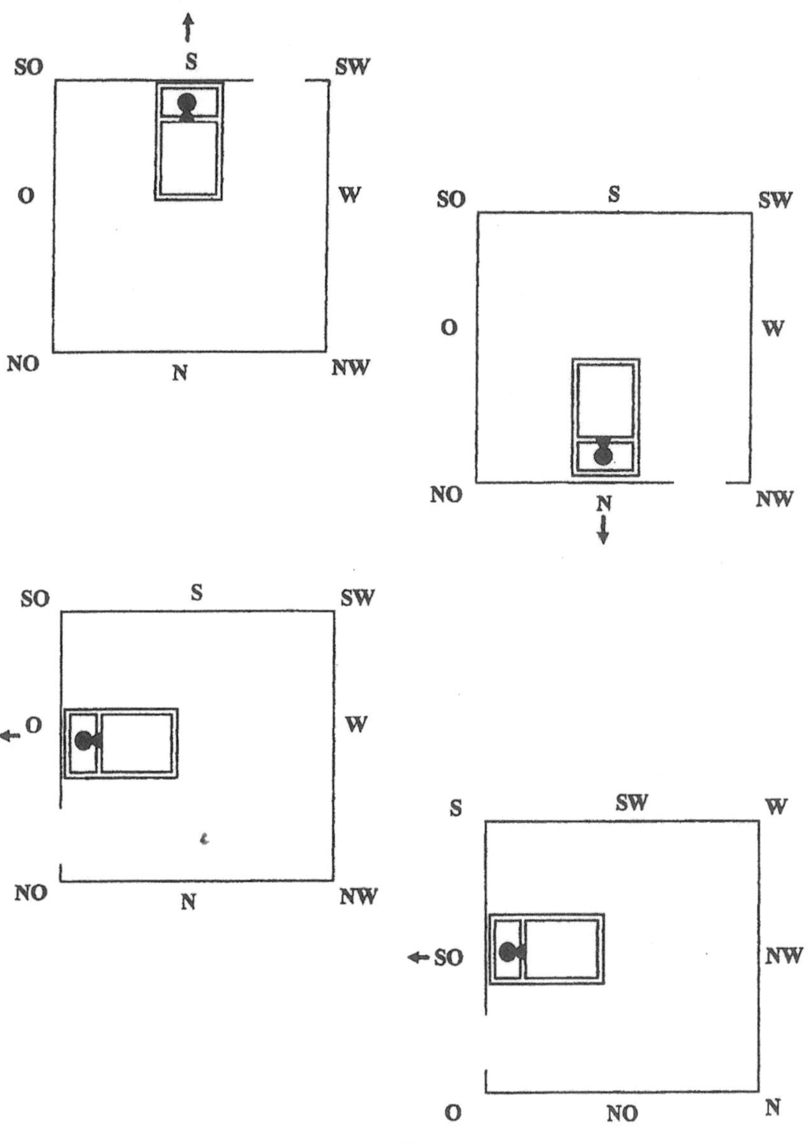

SCHLAFPOSITION EINER PERSON DER WESTGRUPPE

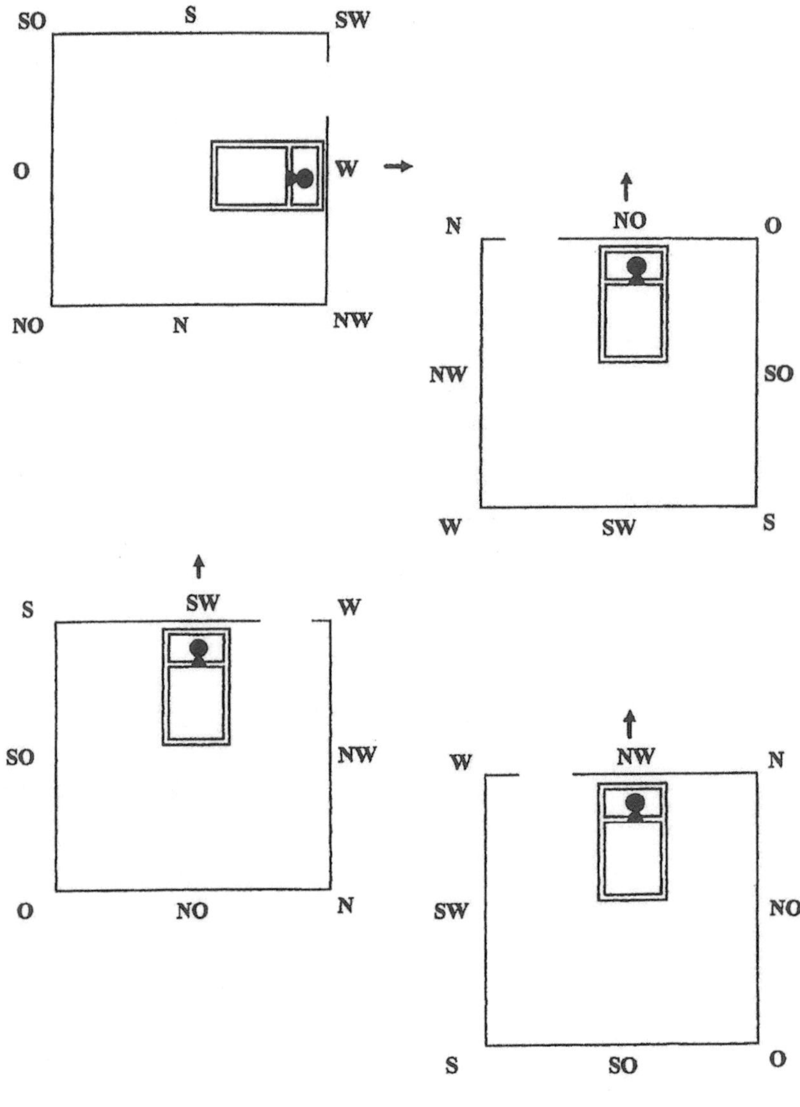

DER BESTE BEREICH FÜR DAS SCHLAFZIMMER

Ein gutes Schlafzimmer
- verhilft zu einer guten, tiefen Entspannung
- der Körper kann sich wieder aufladen und ist neu belebt
- unterstützt Gesundheit, Nachkommen, Glück und Karriere
- fördert Erfolg und Wohlstand

Bei einem guten Schlafzimmer sollte das persönliche Trigramm mit dem Haustrigramm
übereinstimmen oder zumindest zur selben Trigramm-Gruppe, d.h. Ost- oder Westgruppe gehören.
Das Zimmer sollte in einem A-Bereich liegen.
Partner, die zu unterschiedlichen Gruppen gehören, sollten weiterhin das Bett miteinander teilen,
auch wenn für eine Person die Himmelsrichtung ungünstig sein sollte.

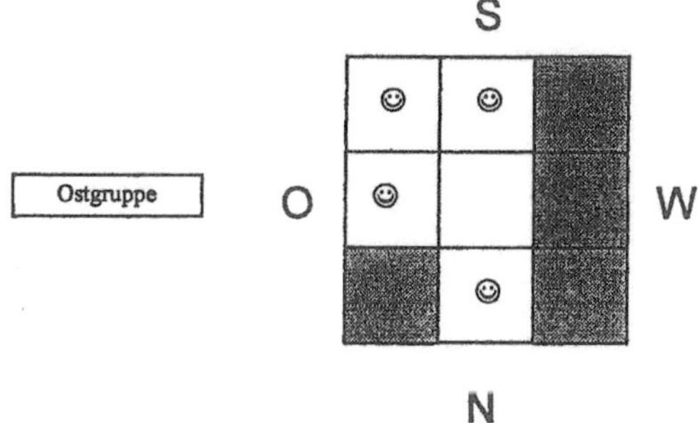

Die weißen Bereiche repräsentieren die günstigen Richtungen für die Personen der Ostgruppe
darstellen. Die schraffierten Bereiche zeigen die ungünstigsten Richtungen für Schlafzimmer der
Ostgruppen-Personen an.

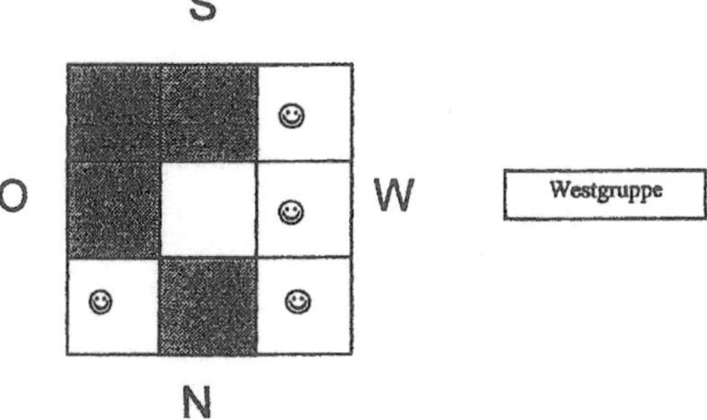

Die weißen Bereiche sind günstig für Schlafzimmer der Westgruppe. Die schraffierten Bereiche
zeigen die ungünstigen Schlafzimmerrichtungen für Westgruppen-Personen.

VERGLEICH ZWISCHEN ZWEI GEGENEINANDER AUSGERICHTETEN TRIGRAMMEN I

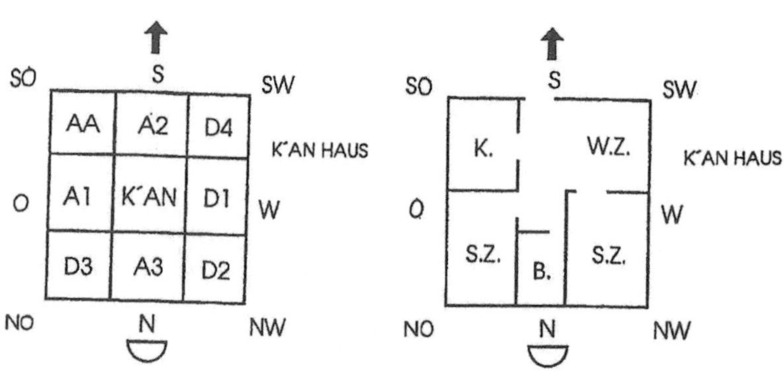

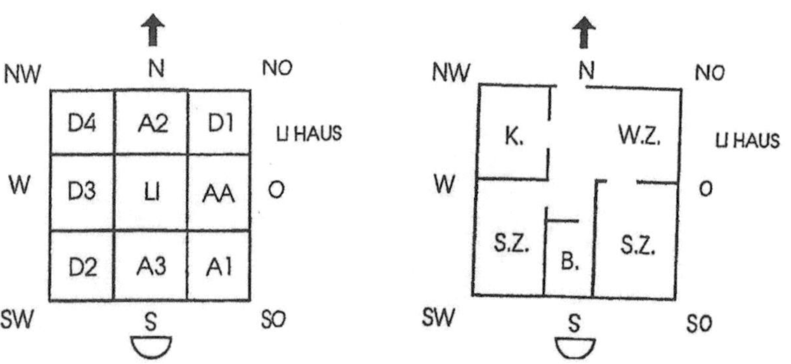

VERGLEICH ZWISCHEN ZWEI GEGENEINANDER AUSGERICHTETEN TRIGRAMMEN II

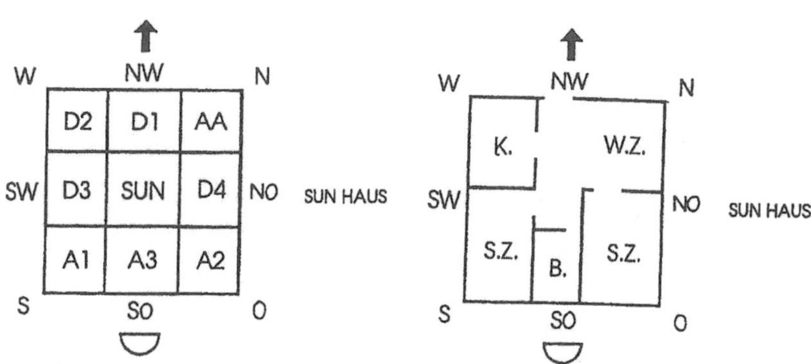

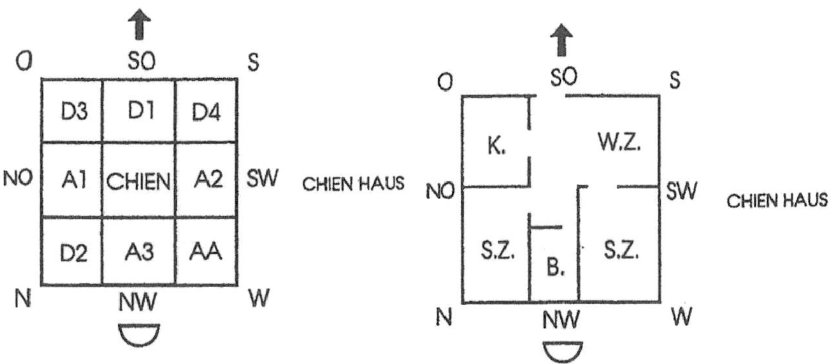

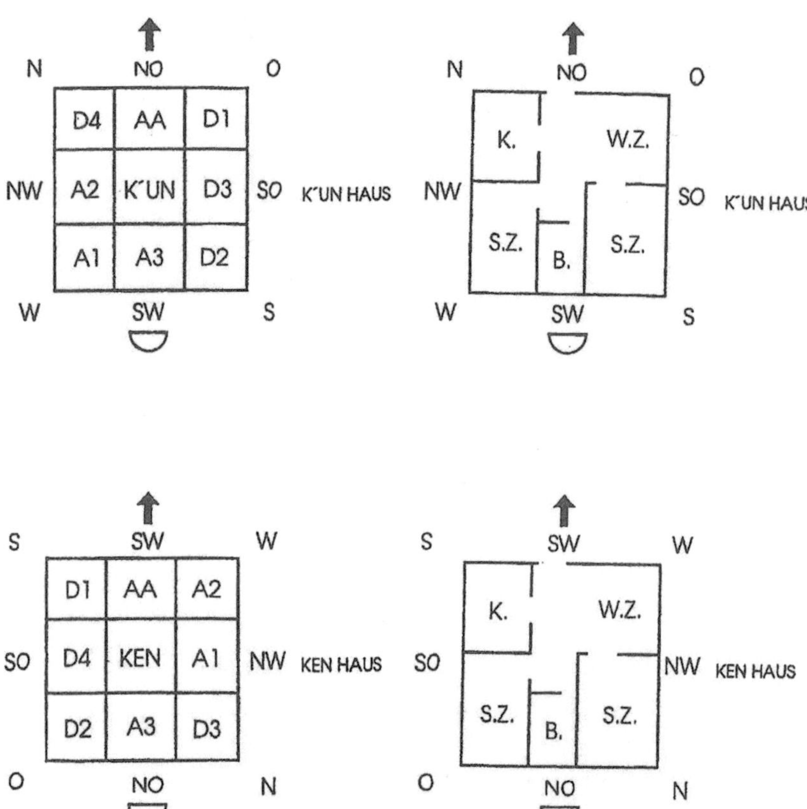
N
NO
O
D4 AA D1
NW
A2 K'UN D3
SO
K'UN HAUS
A1 A3 D2
W
SW
S
N
NO
O
K.
W.Z.
NW
SO
K'UN HAUS
S.Z.
B.
S.Z.
W
SW
S
S
SW
W
D1 AA A2
SO
D4 KEN A1
NW
KEN HAUS
D2 A3 D3
O
NO
N
S
SW
W
K.
W.Z.
SO
NW
KEN HAUS
S.Z.
B.
S.Z.
O
NO
N

VERGLEICH ZWISCHEN ZWEI GEGENEINANDER AUSGERICHTETEN TRIGRAMMEN IV

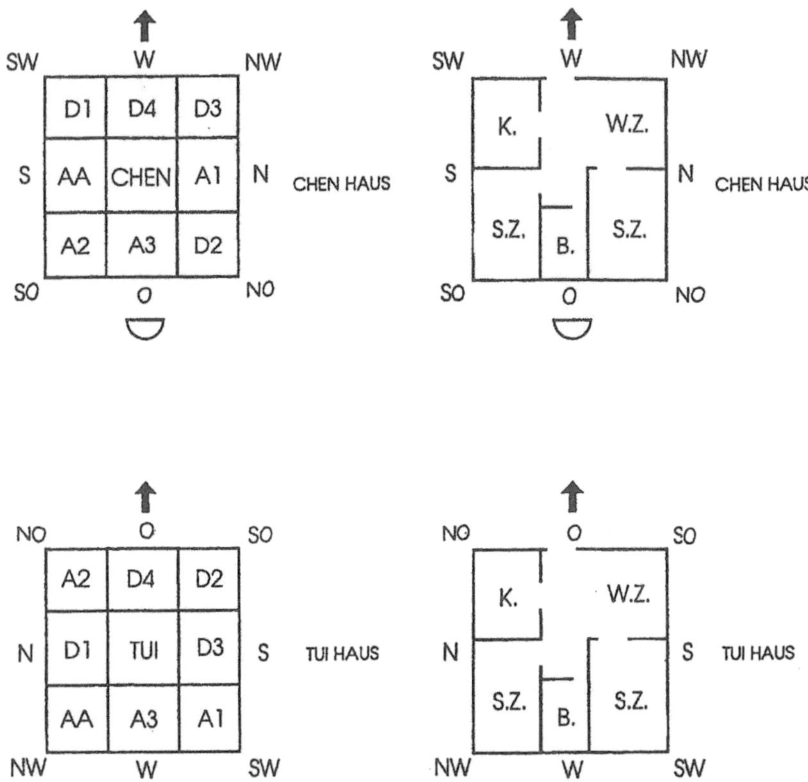

ABSTIMMUNG VON HAUSTRIGRAMM UND PERSÖNLICHEM TRIGRAMM & INTERPRETATION

Schritt 1

Erstellen Sie einen maßstabgetreuen Gebäude-, Haus- oder Wohnungsplan. Sie können auch eine Skizze verwenden, solange sie dem Maßstab entspricht. Auf dem Stockwerksplan sollten die Räume mit Bezeichnung sowie der Haupteingang und die Zimmertüren eingezeichnet sein. Die acht Kompaßrichtungen sollten mit der Sitzposition und der Blickrichtung korrekt eingetragen werden.

Schritt 2

Legen oder zeichnen Sie einen Gitterplan (blanko) über den Gebäude- oder Wohnungsplan. Das Gitter sollte in neun gleich große Abschnitte unterteilt werden. Zeichnen Sie jetzt die acht Richtungen in den Plan ein.

Schritt 3

Durch die Sitzposition wird das Haus- oder Wohnungstrigramm bestimmt. Tragen Sie anhand der Tabelle die A- und D-Bereiche des Gebäudes/ der Wohnung entsprechend ein.

Schritt 4

Tragen Sie nun die persönlichen Trigrammbewertungen für die einzelnen Bereiche daneben in Klammern oder in einer anderen Farbe ein. Für mehrere Bewohner sollten Sie verschiedene Farben verwenden, damit Sie schneller feststellen können, wer von welchen harmonischen oder disharmonischen Energien beeinflußt wird.

TABLES OF TRIGRAMS
TRIGRAMMTABELLEN

In der Feng Shui-Praxis geht es u.a. darum, zu untersuchen, inwieweit das persönliche Trigramm mit dem Trigramm eines Hauses in Übereinstimmung steht. Es soll ein angenehmer, ausgleichender oder harmonischer Zustand erreicht werden, um Wohlstand zu fördern und Unglück zu vermeiden.
Sollte eine solche Trigramm-Harmonie jedoch nicht gegeben sein, gibt es die Alternative, daß man sein Schlafzimmers nach dem jeweiligen persönlichen Trigramm ausrichtet.

Die Tabellen 1 bis 8 zeigen, wie man das persönliche Trigramm mit einem Haus-Trigramm in Übereinstimmung steht. Man wird durch jede einzelne Trigrammkombination geführt und es wird so deutlich, wie die acht verschiedenen Haus-Trigramme die Gesundheit, das Leben und das Glück beeinflussen.

54

DAS PERSÖNLICHE TRIGRAMM <u>CHEN</u>

Haus-trigramm	Sitzposition	Blickrichtung	Bedeutung
LI	Süden	Norden	AA: Große Erfolge, Glück
K'AN	Norden	Süden	A1: Guter Erfolg, Wohlstand, hilfreiche Freunde und Angestellte
SUN	Südosten	Nordwesten	A2: Gutes Einkommen, gute Harmonie bei der Arbeit
CHEN	Osten	Westen	A3: Friedlicher und guter Umgang mit den Dingen
K'UN	Südwesten	Nordosten	D1: Disharmonie, viele Probleme und potentielle Gerichtsverfahren
KEN	Nordosten	Südwesten	D2: Einige Mißgeschicke, geringer Geldverlust
CHIEN	Nordwesten	Südosten	D3: Unfallneigung und Mißerfolge im Beruf, ungünstige Einflüsse
TUI	Westen	Osten	D4: Verlust von Reichtum, Verlust der Arbeit, Raub, Pleite, schwere Gesundheitsprobleme

DAS PERSÖNLICHE TRIGRAMM <u>K'AN</u>

Haus-trigramm	Sitzposition	Blickrichtung	Bedeutung
SUN	Südosten	Nordwesten	AA: Große Erfolge, Glück
CHEN	Osten	Westen	A1: Guter Erfolg, Wohlstand, hilfreiche Freunde und Angestellte
LI	Süden	Norden	A2: Gutes Einkommen, gute Harmonie bei der Arbeit
K'AN	Norden	Süden	A3: Friedlicher und guter Umgang mit den Dingen
TUI	Westen	Osten	D1: Disharmonie, viele Probleme und potentielle Gerichtsverfahren
CHIEN	Nordwesten	Südosten	D2: Einige Mißgeschicke, geringer Geldverlust
KEN	Nordosten	Südwesten	D3: Unfallneigung und Mißerfolge im Beruf, ungünstige Einflüsse
K'UN	Südwesten	Nordosten	D4: Verlust von Reichtum, Verlust der Arbeit, Raub, Pleite, schwere Gesundheitsprobleme

DAS PERSÖNLICHE TRIGRAMM <u>SUN</u>

Haus-trigramm	Sitzposition	Blickrichtung	Bedeutung
K'AN	Norden	Süden	AA: Große Erfolge, Glück
LI	Süden	Norden	A1: Guter Erfolg, Wohlstand, hilfreiche Freunde und Angestellte
CHEN	Osten	Westen	A2: Gutes Einkommen, gute Harmonie bei der Arbeit
SUN	Südosten	Nordwesten	A3: Friedlicher und guter Umgang mit den Dingen
CHIEN	Nordwesten	Südosten	D1: Disharmonie, viele Probleme und potentielle Gerichtsverfahren
TUI	Westen	Osten	D2: Einige Mißgeschicke, geringer Geldverlust
K'UN	Südwesten	Nordosten	D3: Unfallneigung und Mißerfolge im Beruf, ungünstige Einflüsse
KEN	Nordosten	Südwesten	D4: Verlust von Reichtum, Verlust der Arbeit, Raub, Pleite, schwere Gesundheitsprobleme

DAS PERSÖNLICHE TRIGRAMM <u>LI</u>

Haus-trigramm	Sitzposition	Blickrichtung	Bedeutung
CHEN	Osten	Westen	AA: Große Erfolge, Glück
SUN	Südosten	Nordwesten	A1: Guter Erfolg, Wohlstand, hilfreiche Freunde und Angestellte
K'AN	Norden	Süden	A2: Gutes Einkommen, gute Harmonie bei der Arbeit
LI	Süden	Norden	A3: Friedlicher und guter Umgang mit den Dingen
KEN	Nordosten	Südwesten	D1: Disharmonie, viele Probleme und potentielle Gerichtsverfahren
K'UN	Südwesten	Nordosten	D2: Einige Mißgeschicke, geringer Geldverlust
TUI	Westen	Osten	D3: Unfallneigung und Mißerfolge im Beruf, ungünstige Einflüsse
CHIEN	Nordwesten	Südosten	D4: Verlust von Reichtum, Verlust der Arbeit, Raub, Pleite, schwere Gesundheitsprobleme

DAS PERSÖNLICHE TRIGRAMM <u>KUN</u>

Haus-trigramm	Sitzposition	Blickrichtung	Bedeutung
KEN	Nordosten	Südwesten	AA: Große Erfolge, Glück
TUI	Westen	Osten	A1: Guter Erfolg, Wohlstand, hilfreiche Freunde und Angestellte
CHIEN	Nordwesten	Südosten	A2: Gutes Einkommen, gute Harmonie bei der Arbeit
K'UN	Südwesten	Nordosten	A3: Friedlicher und guter Umgang mit den Dingen
CHEN	Osten	Westen	D1: Disharmonie, viele Probleme und potentielle Gerichtsverfahren
LI	Süden	Norden	D2: Einige Mißgeschicke, geringer Geldverlust
SUN	Südosten	Nordwesten	D3: Unfallneigung und Mißerfolge im Beruf, ungünstige Einflüsse
K'AN	Norden	Süden	D4: Verlust von Reichtum, Verlust der Arbeit, Raub, Pleite, schwere Gesundheitsprobleme

DAS PERSÖNLICHE TRIGRAMM <u>TUI</u>

Haus-trigramm	Sitzposition	Blickrichtung	Bedeutung
CHIEN	Nordwesten	Südosten	AA: Große Erfolge, Glück
K'UN	Südwesten	Nordosten	A1: Guter Erfolg, Wohlstand, hilfreiche Freunde und Angestellte
KEN	Nordosten	Südwesten	A2: Gutes Einkommen, gute Harmonie bei der Arbeit
TUI	Westen	Osten	A3: Friedlicher und guter Umgang mit den Dingen
K'AN	Norden	Süden	D1: Disharmonie, viele Probleme und potentielle Gerichtsverfahren
SUN	Südosten	Nordwesten	D2: Einige Mißgeschicke, geringer Geldverlust
LI	Süden	Norden	D3: Unfallneigung und Mißerfolge im Beruf, ungünstige Einflüsse
CHEN	Osten	Westen	D4: Verlust von Reichtum, Verlust der Arbeit, Raub, Pleite, schwere Gesundheitsprobleme

DAS PERSÖNLICHE TRIGRAMM KEN

Haus-trigramm	Sitzposition	Blickrichtung	Bedeutung
K'UN	Südwesten	Nordosten	AA: Große Erfolge, Glück
CHIEN	Nordwesten	Südosten	A1: Guter Erfolg, Wohlstand, hilfreiche Freunde und Angestellte
TUI	Westen	Osten	A2: Gutes Einkommen, gute Harmonie bei der Arbeit
KEN	Nordosten	Südwesten	A3: Friedlicher und guter Umgang mit den Dingen
LI	Süden	Norden	D1: Disharmonie, viele Probleme und potentielle Gerichtsverfahren
CHEN	Osten	Westen	D2: Einige Mißgeschicke, geringer Geldverlust
K'AN	Norden	Süden	D3: Unfallneigung und Mißerfolge im Beruf, ungünstige Einflüsse
SUN	Südosten	Nordwesten	D4: Verlust von Reichtum, Verlust der Arbeit, Raub, Pleite, schwere Gesundheitsprobleme

DAS PERSÖNLICHE TRIGRAMM CHIEN

Haus-trigramm	Sitzposition	Blickrichtung	Bedeutung
TUI	Westen	Osten	AA: Große Erfolge, Glück
KEN	Nordosten	Südwesten	A1: Guter Erfolg, Wohlstand, hilfreiche Freunde und Angestellte
K'UN	Südwesten	Nordosten	A2: Gutes Einkommen, gute Harmonie bei der Arbeit
CHIEN	Nordwesten	Südosten	A3: Friedlicher und guter Umgang mit den Dingen
SUN	Südosten	Nordwesten	D1: Disharmonie, viele Probleme und potentielle Gerichtsverfahren
K'AN	Norden	Süden	D2: Einige Mißgeschicke, geringer Geldverlust
CHEN	Osten	Westen	D3: Unfallneigung und Mißerfolge im Beruf, ungünstige Einflüsse
LI	Süden	Norden	D4: Verlust von Reichtum, Verlust der Arbeit, Raub, Pleite, schwere Gesundheitsprobleme

KOMBINATION VON HAUSTRIGRAMM UND PERSÖNLICHEM TRIGRAMM I

Beispiel: K'AN Haus, persönliches Trigramm CHIEN

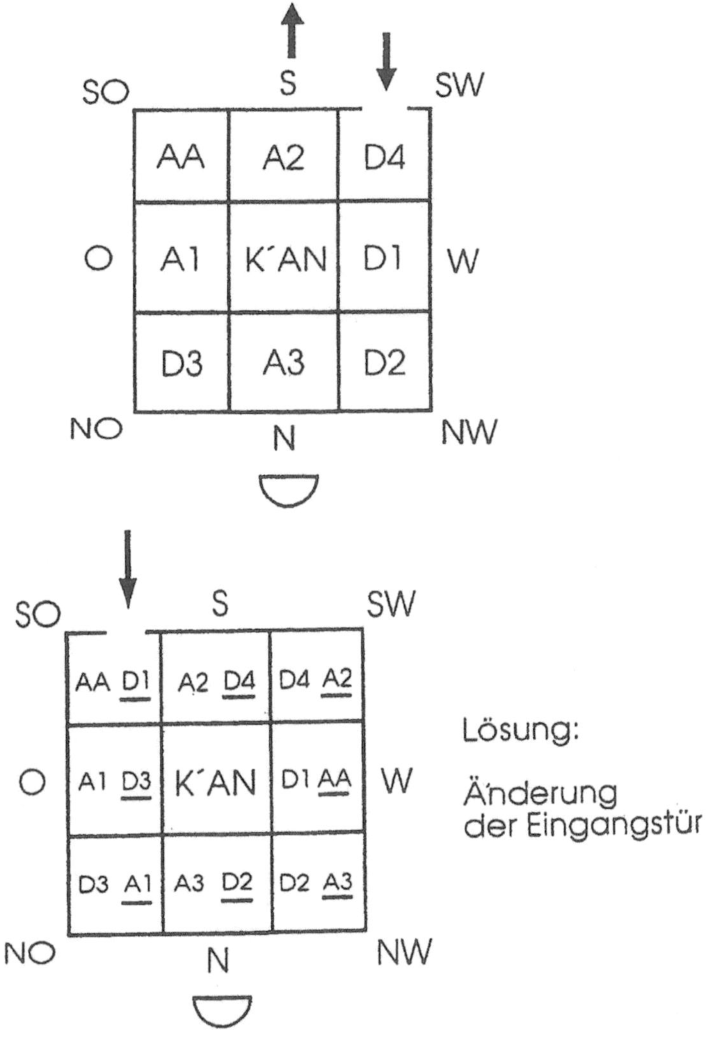

KOMBINATION VON HAUSTRIGRAMM UND PERSÖNLICHEM TRIGRAMM II

Beispiel: K'AN Haus, persönliches Trigramm CHIEN

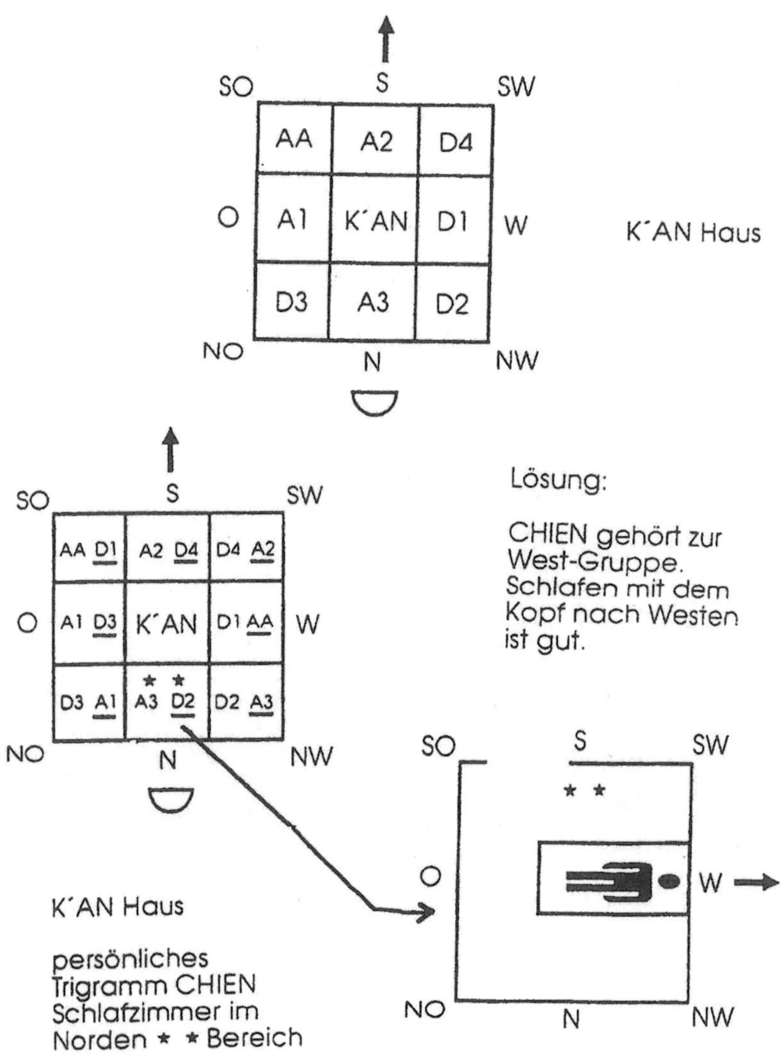

HAUSAUSRICHTUNG FÜR KEN-PERSONEN

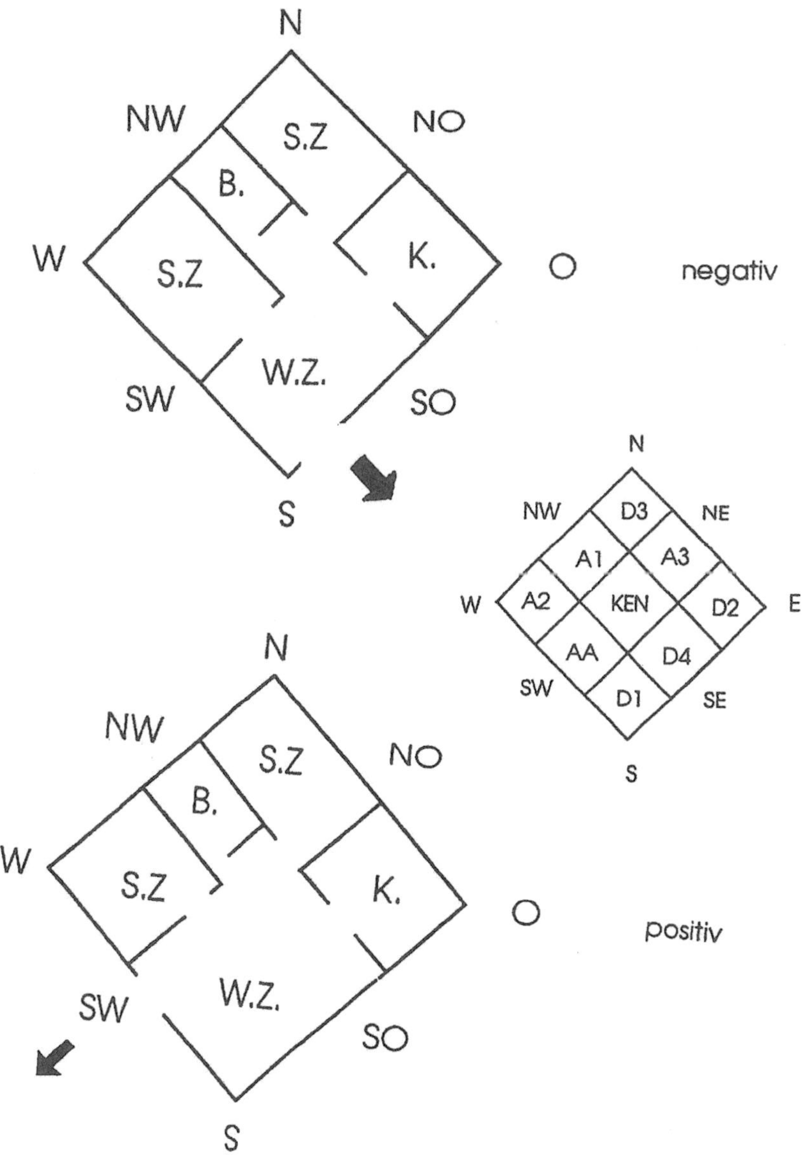

HAUSAUSRICHTUNG FÜR TUI-PERSONEN

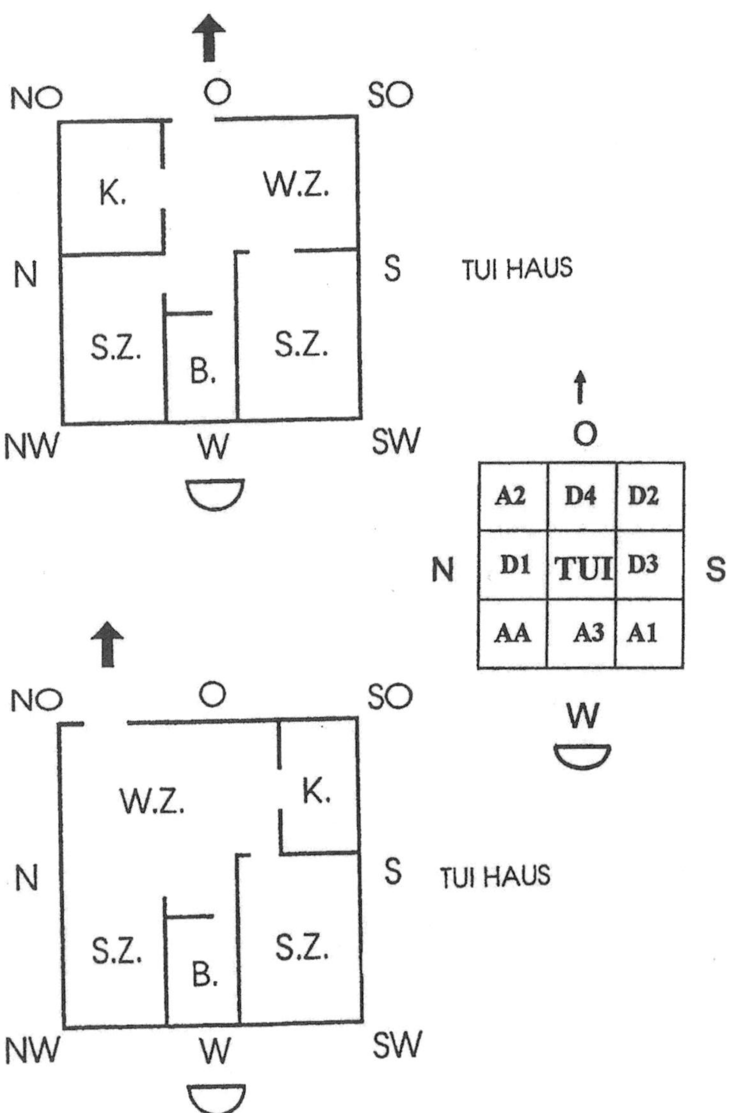

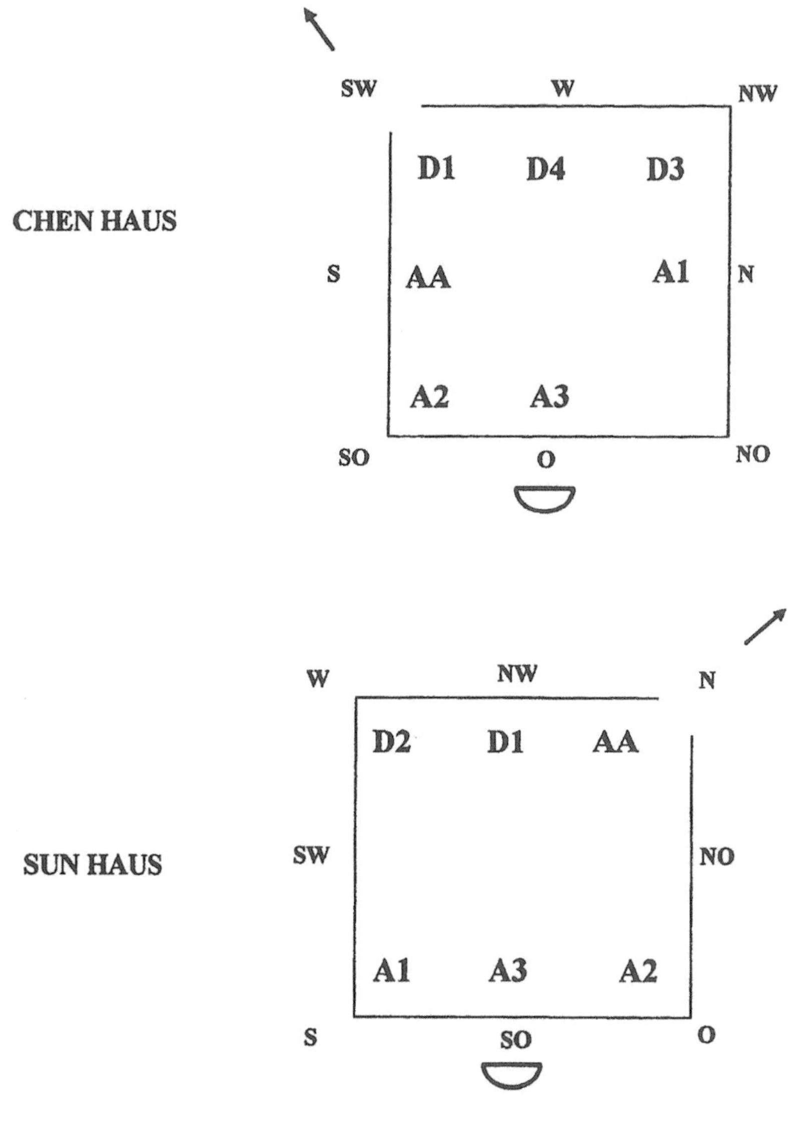

CHEN HAUS
SW
W
NW
D1
D4
D3
S
AA
A1
N
A2
A3
SO
O
NO

SUN HAUS
W
NW
N
D2
D1
AA
SW
NO
A1
A3
A2
S
SO
O

GÜNSTIGE EINGANGSRICHTUNGEN OSTGRUPPE II

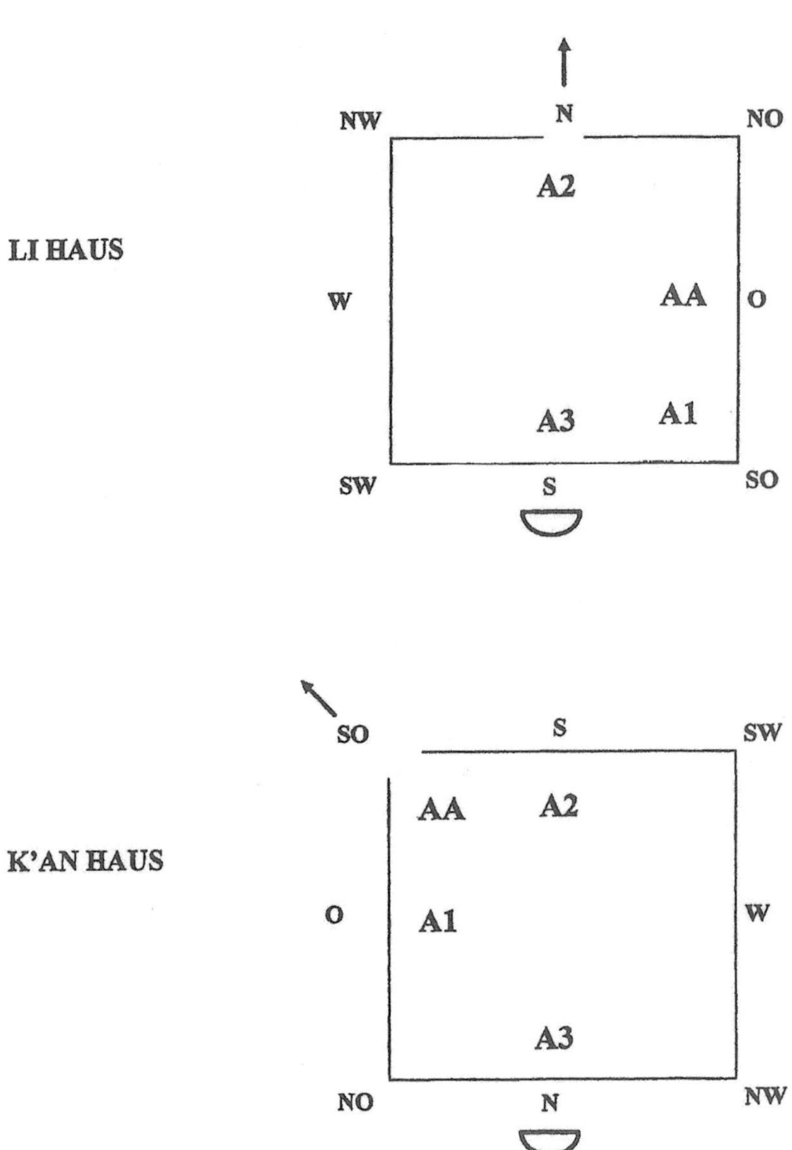

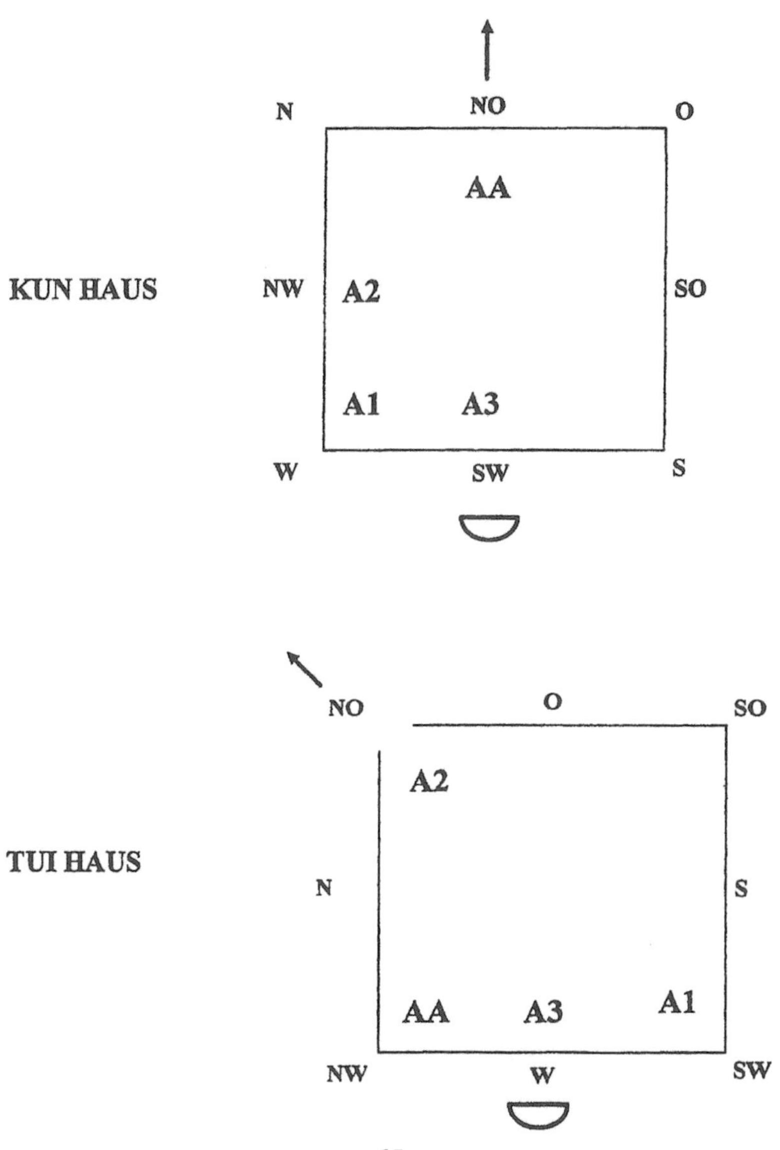

N
NO
O
AA
KUN HAUS
NW
A2
SO
A1
A3
W
SW
S
NO
O
SO
TUI HAUS
A2
N
S
AA
A3
A1
NW
W
SW

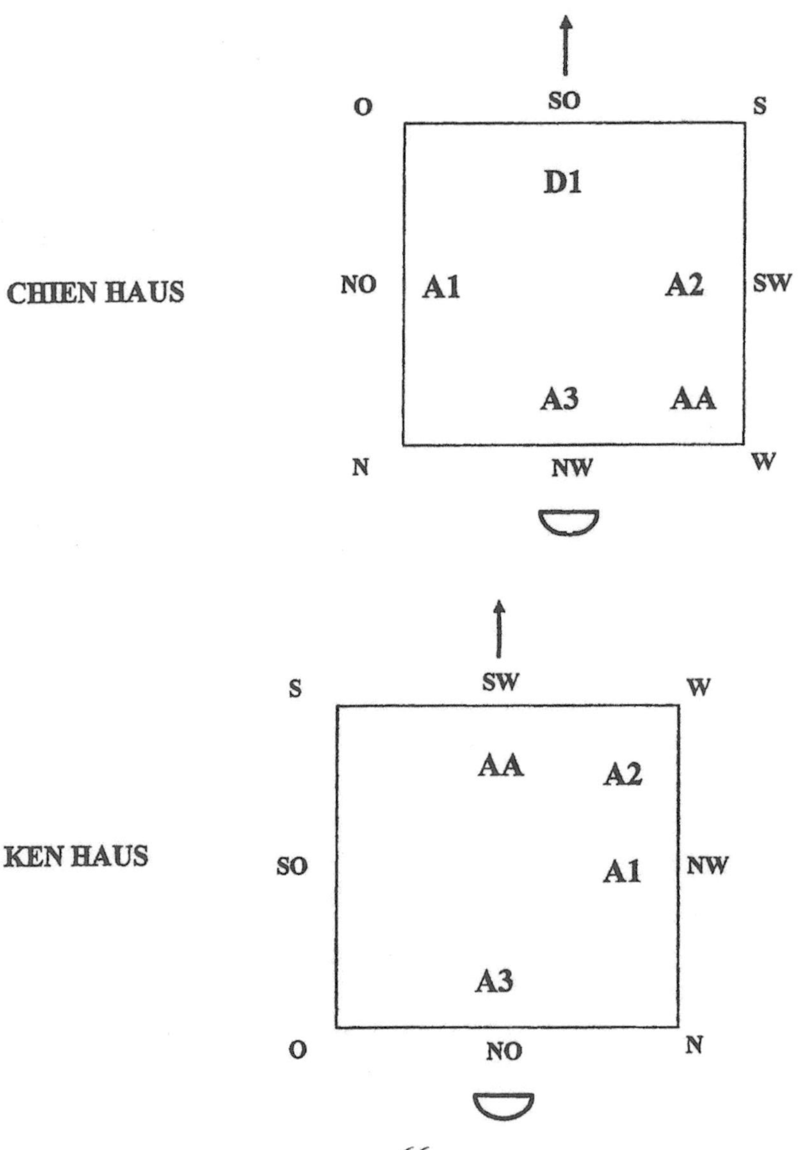
CHIEN HAUS
O
SO
S
D1
NO
A1
A2
SW
A3
AA
N
NW
W
KEN HAUS
S
SW
W
AA
A2
SO
A1
NW
A3
O
NO
N

WIE UNTERSCHEIDEN WIR ZWISCHEN VORSPRÜNGEN AN EINEM GEBÄUDE ODER FEHLENDEN LEEREN BEREICHEN?

Ein leerer Bereich ist der fehlende Bereich in einem geschlossenen Gebäude. Der fehlende Bereich in einem Haus zeigt an, daß in diesem speziellen Bereich die Bewohner entsprechend beeinträchtigt sind. Wenn der Kinderbereich eines Hauses beispielsweise fehlt, haben die Bewohner Probleme mit Kindern, oder haben weniger oder gar keine Kinder.

Eine Erweiterung ist ein Vorsprung an einem geschlossenen Gebäude. Diese Erweiterung verleiht zusätzliche Stärke und Unterstützung in dem Bereich, in dem sich der Vorsprung befindet. Liegt er im Bereich Heirat, gehen die Hausbewohner frühzeitig Beziehungen ein.

Wie bestimmen wir, was ein Vorsprung oder eine Erweiterung ist, und welcher Bereich leer ist?

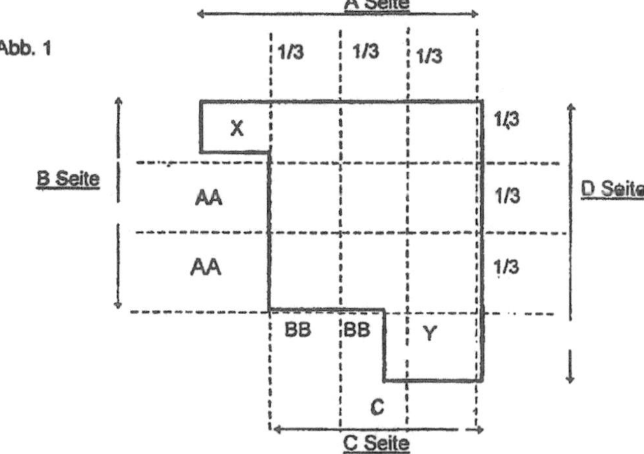

X beträgt weniger als 1/3 auf der B Seite, daher ist X ein Vorsprung. Der AA Bereich könnte als fehlender Bereich angesehen werden, ist es aber NICHT.

Y beträgt mehr als 1/3 auf der C Seite, daher wird der Bereich BB als leerer oder fehlender Bereich betrachtet.

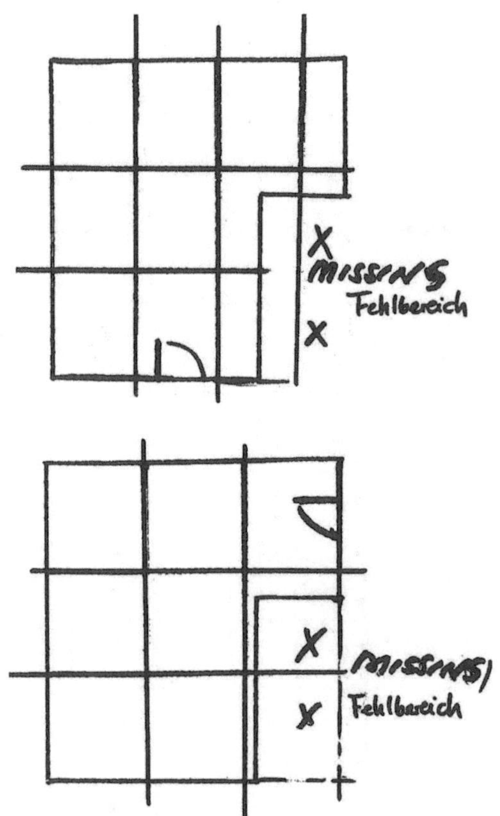

X
MISSING
Fehlbereich
X
MISSING/
Fehlbereich
X
X

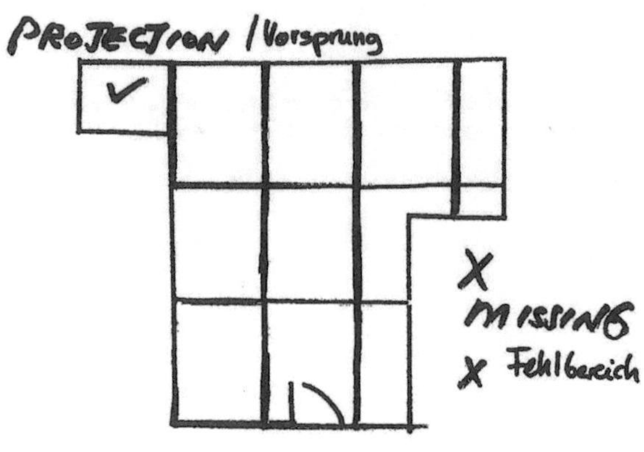

PROJECTION / Vorsprung
X
MISSING
X Fehlbereich

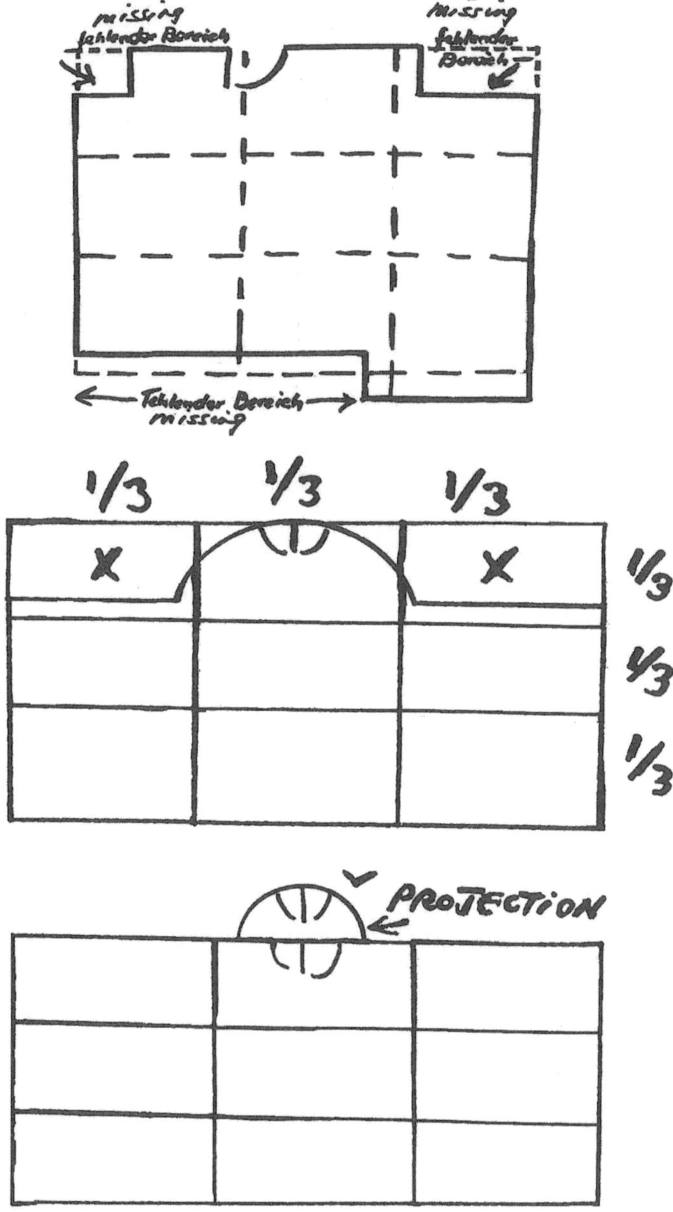

missing
fehlender Bereich
missing
fehlender Bereich
Fehlender Bereich
missing
1/3
1/3
1/3
X
X
1/3
1/3
1/3
PROJECTION

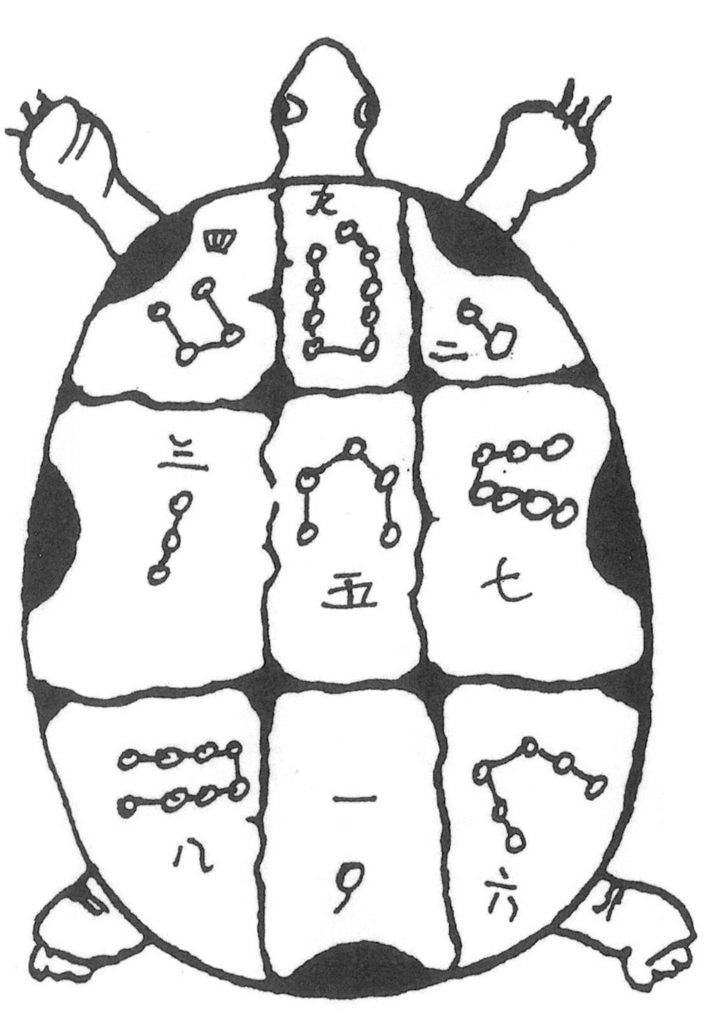

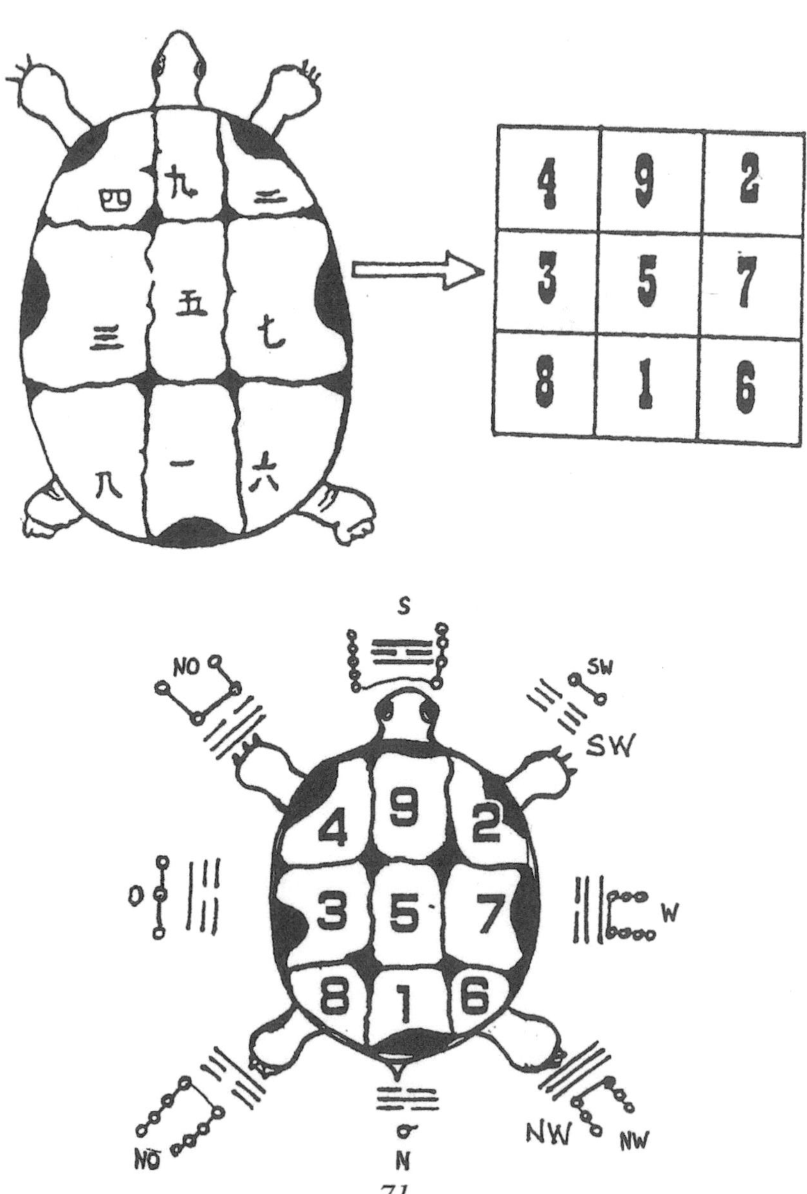

4 9 2
3 5 7
8 1 6
S
NO
SW
SW
O
W
NO
NW
NW
N
4 9 2
3 5 7
8 1 6

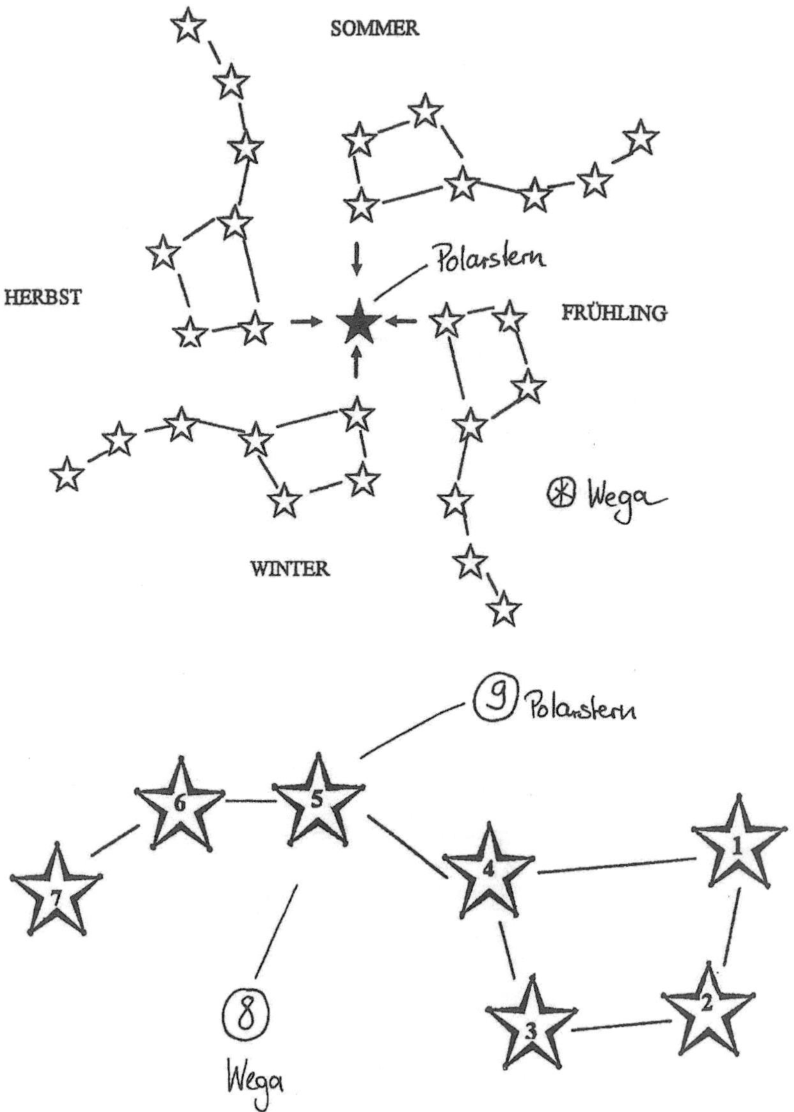

SOMMER
HERBST
FRÜHLING
WINTER
Polarstern
Wega
Polarstern
Wega

DIE ANORDNUNG DER LO'SHU-ZAHLEN

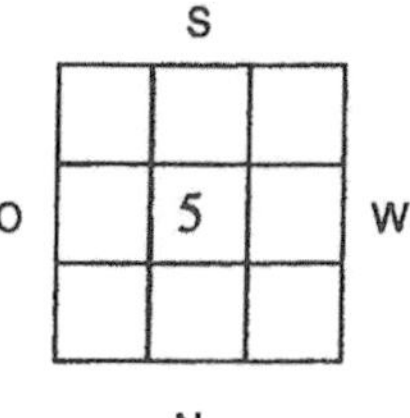

Die Zahl 5 repräsentiert die Fünf-Elemente. Alle Dinge auf Erden werden in der Mitte plaziert.

Die geraden (weibliche/yin) Zahlen befinden sich in den Ecken. Diagonal addiert ergeben beide Zahlenpaare jeweils 10. Die Quersumme von 10 ist 1.

Die ungeraden Zahlen (männlich/yang) befinden sich auf den vier kardinalen Kompaßpunkten. Jedes Zahlenpaar addiert ergibt jeweils 10 = 1.

Jeweils drei Zahlen senkrecht, waagrecht oder diagonal addiert ergeben 15, Quersumme 6.

DIE MAGISCHE ZAHL 15 IM LO' SHU

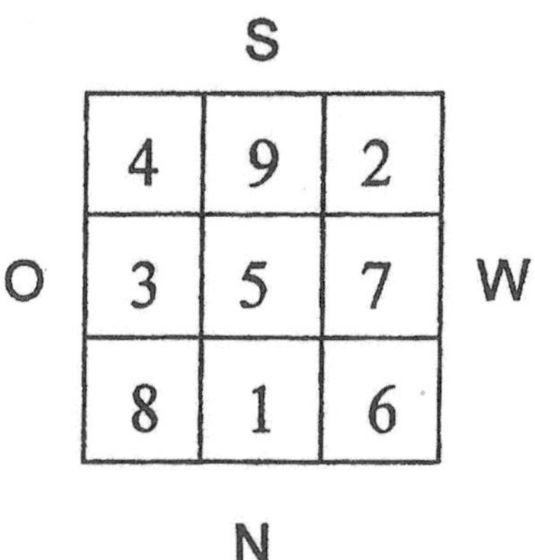

Jeweils 3 beliebige Zahlen ergeben die Summe 15

1) Vertikal von oben links nach unten links $4 + 3 + 8 = 15$
2) Vertikal von oben Mitte nach unten Mitte $9 + 5 + 1 = 15$
3) Vertikal von oben rechts nach unten rechts $2 + 7 + 6 = 15$

4) Horizontal von oben links nach unten rechts $4 + 9 + 2 = 15$
5) Horizontal von Mitte links nach Mitte rechts $3 + 5 + 7 = 15$
6) Horizontal von unten links nach unten rechts $8 + 1 + 6 = 15$

7) Diagonal von oben links nach unten rechts $4 + 5 + 6 = 15$
8) Diagonal von oben rechts nach unten links $2 + 5 + 8 = 15$

9) Die mittlere Zahl dreimal addiert $5 + 5 + 5 = 15$

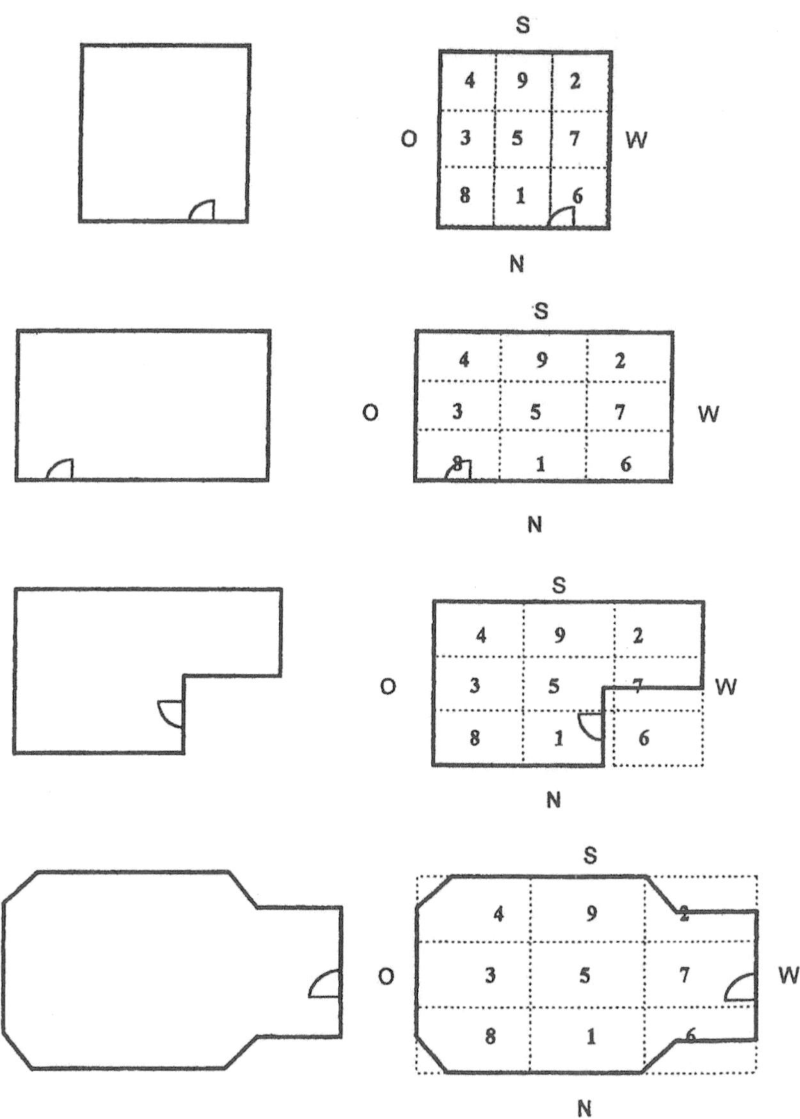

S
4 9 2
O 3 5 7 W
8 1 6
N

S
4 9 2
O 3 5 7 W
8 1 6
N

S
4 9 2
O 3 5 7 W
8 1 6
N

S
4 9
O 3 5 7 W
8 1 6
N

REGELN FÜR DAS AUSFÜLLEN DES LO' SHU GITTERS

Die erste Zahl in die Mitte des Gitters setzen, es folgen die darauffolgenden höheren
Zahlen bis 9, dann beginnt man wieder mit 1, 2 usw.

Die erste Zahl kommt in die	**Mitte.**
Die zweite Zahl kommt in den	**Nordwesten.**
Die dritte Zahl kommt in den	**Westen.**
Die vierte Zahl kommt in den	**Nordosten.**
Die fünfte Zahl kommt in den	**Süden.**
Die sechste Zahl kommt in den	**Norden.**
Die siebte Zahl kommt in den	**Südwesten.**
Die achte Zahl kommt in den	**Osten.**
Die neunte Zahl kommt in den	**Südosten.**

<u>**Beispiel:** Die Jahreszahl für 1994 ist 6.</u>

Die Zahl 6 (Jahreszahl) kommt in die Mitte.
Die Zahl 7 kommt in den Nordwesten.
Die Zahl 8 kommt in den Westen.
Die Zahl 9 kommt in die Nordosten.
Die Zahl 1 kommt in den Süden.
Die Zahl 2 kommt in den Norden.
Die Zahl 3 kommt in den Südwesten.
Die Zahl 4 kommt in den Osten.
Die Zahl 5 kommt in den Südosten.

S

5	1	3
4	6	8
9	2	7

O (links) W (rechts) N (unten)

**Anmerkung: Die Zahl im Südosten muß immer eins kleiner sein als die Zahl in
der Mitte. Dann ist das Gitter richtig ausgefüllt.**

DIE JAHRESZAHLEN

Jahr	Jahreszahl	Jahr	Jahreszahl	Jahr	Jahreszahl
1900 ✓	1	1935	2	1970 ✓	3
1901 ✓	9	1936	1	1971 ✓	2
1902	8	1937 ✓	9	1972	1
1903	7	1938 ✓	8	1973 ✓	9
1904	6	1939	7	1974 ✓	8
1905 ✓	5	1940	6	1975 ✓	7
1906	4	1941 ✓	5	1976	6
1907	3	1942 ✓	4	1977 ✓	5
1908	2	1943	3	1978 ✓	4
1909 ✓	1	1944	2	1979 ✓	3
1910	9	1945 ✓	1	1980	2
1911	8	1946 ✓	9	1981 ✓	1
1912	7	1947	8	1982 ✓	9
1913 ✓	6	1948	7	1983 ✓	8
1914	5	1949 ✓	6	1984 ✓	7
1915	4	1950 ✓	5	1985 ✓	6
1916	3	1951 ✓	4	1986 ✓	5
1917 ✓	2	1952	3	1987 ✓	4
1918 ✓	1	1953 ✓	2	1988 ✓	3
1919	9	1954 ✓	1	1989 ✓	2
1920	8	1955 ✓	9	1990 ✓	1
1921 ✓	7	1956	8	1991 ✓	9
1922 ✓	6	1957 ✓	7	1992 ✓	8
1923	5	1958 ✓	6	1993 ✓	7
1924	4	1959 ✓	5	1994 ✓	6
1925 ✓	3	1960	4	1995 ✓	5
1926 ✓	2	1961 ✓	3	1996 ✓	4
1927	1	1962 ✓	2	1997 ✓	3
1928	9	1963 ✓	1	1998 ✓	2
1929 ✓	8	1964	9	1999 ✓	1
1930 ✓	7	1965 ✓	8	2000 ✓	9
1931	6	1966 ✓	7	2001 ✓	8
1932	5	1967 ✓	6	2002 ✓	7
1933 ✓	4	1968	5	2003 ✓	6
1934 ✓	3	1969 ✓	4	2004 ✓	5

✓ der Frühling beginnt am 4. Februar. In allen anderen Jahren beginnt der Frühling am 5. Februar.

Anmerkung: Die Jahreszahlen sind die Jahrgangs-Trigrammzahlen der Männer.

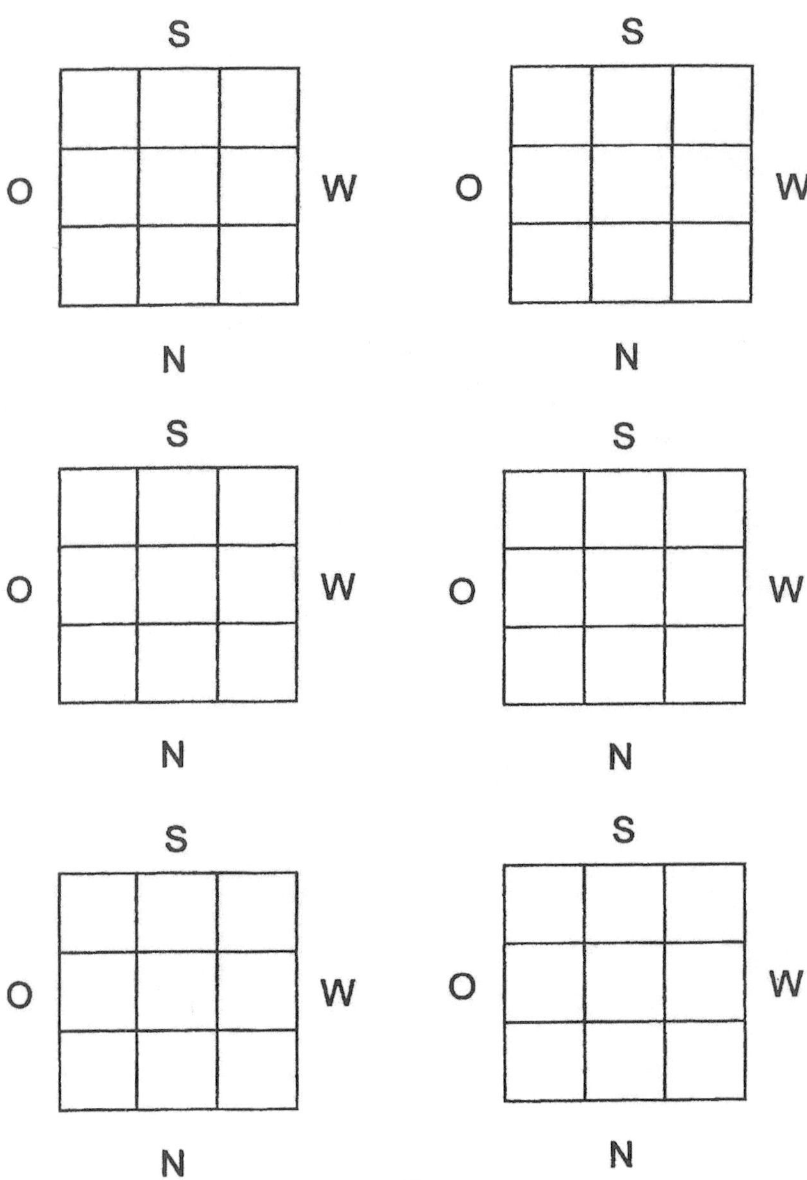
S
O
W
N
S
O
W
N
S
O
W
N
S
O
W
N
S
O
W
N
S
O
W
N

INTERPRETATION DER FLIEGENDEN STERNE

Um die günstigen und ungünstigen Bereiche eines Hauses festzustellen, sollten Sie die Wechselwirkung der Elemente zwischen den Jahreszahlen und den Hauszahlen sowie die Zahleninterpretationen beachten.

Die fliegenden Sterne haben folgende Bedeutung:

Nr. 1	Wasser	Berühmtheit und Reichtum
Nr. 2	Erde	Schmerz, Krankheit, Unfruchtbarkeit
Nr. 3	Holz	Tratsch, Streitigkeiten, Gerichtsverfahren
Nr. 4	Holz	Akademische Erfolge und Kreativität
Nr. 5	Erde	Feuer, Krankheit, Schmerz, Zwischenfälle, Hindernisse
Nr. 6	Metall	Großer Reichtum, Macht, Autorität
Nr. 7	Metall	Raub, Gefangenschaft, Feuer, Verlust
Nr. 8	Erde	Ruhm und Reichtum
Nr. 9	Feuer	verstärkt die andere Zahl

Die Zahlen 1, 4, 6 und 8 sind günstig.
Die Zahlen 2, 3, 5, 7 sind ungünstig.
Die Zahl 9 verstärkt die Zahl, mit der sie zusammen auftritt entweder im Positiven oder im Negativen.

Spezielle Zahlenkombinationen

Günstige Kombinationen

1,4	gut für Studium, Prüfungen, Kreativität, Ruhm, beruflichen Aufstieg
1,6	gut für Geld und Karriere
1,8	gut für Geld und Karriere
6,8	gut für Geld und Ruhm

Ungünstige Kombinationen

2,3	Streitigkeiten, Gerichtsverfahren, Krankheit
2,5	Unfälle, Todesfälle
3,7	Raub und Diebstähle
1,2	Scheidung und Trennung

Neutrale Kombination

| 6,7 | gut für Geld; Verletzung durch Waffen |

KOMBINATION VON HAUSTRIGRAMM UND JAHRESZAHL

Da in jedem Gitterfeld zwei Zahlen stehen, können Sie verschiedenfarbige Stifte verwenden, um die Zahlen zu markieren. So vermeiden sie Verwechslungen bei der Analyse. Die Jahreszahlen stehen bei dieser Übung in Klammern.

Beispiel: Ein K'AN Hause im Jahr 1993
Haustrigrammzahl = 1 wird in die Mitte gesetzt
Jahreszahl = 7 wird in die Mitte in Klammern gesetzt

S

9 (6)	5 (2)	7 (4)
8 (5)	1 (7)	3 (9)
4 (1)	6 (3)	2 (8)

O · · · W

N

USING REMEDIES
VERWENDUNG VON ABHILFEN
Die Interpretation der Zahlenpaare im Lo'Shu Gitter hat sich im Feng Shui als höchst zuverlässiges Vorhersagesystem erwiesen.
Zahlenkombinationen, deren Elemente im Fütterungszyklus stehen, sind am günstigsten. Wenn die Elemente der Zahlen im Kontrollzyklus stehen, werden Abhilfen auf der Grundlage der Fünf Elemente verwendet.
Beispiel: Die Kombination 2 (Erde) und 6 (Metall) erzeugt einen Fütterungszyklus. Mit der Unterstützung der 2 wird die 6, die für Reichtum, Macht und Autorität steht, jetzt verstärkt. Die 2 (Erde, welche die mächtige Mutter symbolisiert), die für Krankheiten, Schmerz und Unfruchtbarkeit steht, wird weiter bestehen.

Beispiel: Ein LI-Haus, das im Jahr 1994 untersucht wurde.
Haustrigrammzahl = 9 (Mitte)
Jahreszahl   = 6 (Mitte in Klammern)

80

Analyse de LI-Hauses

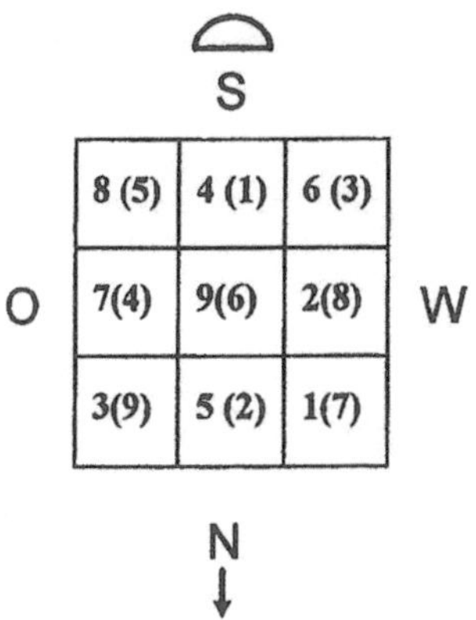

Analyse:
1) Ostbereich - 7,4   7 (Metall) dominiert 4 (Holz)
Diese Zahlenkombination bringt den Bewohnern in diesem Bereich Verletzungen oder Krankheiten im Waden- oder Gesäßbereich. Der Osten ist dem Trigramm SUN zugeordnet, welches diese Körperbereiche repräsentiert.

2) Nordbereich - 2,5   2 (Erde) und 5 (Erde)
Diese beiden Zahlen werden als die kritischste Zahlenkombination angesehen. In diesem Bereich sollte kein Eingang oder Schlafzimmer liegen. Obwohl diese Zahlen zum gleichen Element gehören und keinen Kontrollzyklus erzeugen, stehen sie für Krankheit und Unfälle. Falls sich in diesem Bereich doch der Eingang oder das Schlafzimmer befindet, sollte man Vorsicht walten lassen und als Abhilfe Metall einsetzen, das die Erde reduziert. Ein Dekorationsgegenstand (kein Windspiel), das sich bewegende Metallteile hat, z.B. eine Pendeluhr, sollte hier verwendet werden, um die ungünstige Situation auszugleichen.

3) Südbereich - 1,4   1 (Wasser) nährt 4 (Holz)
Diese Kombination ist für Kreativität, Aktivitäten und Ruhm am besten. Die Zahl 4 steht für Kreativität und wird von der Zahl 1 verstärkt.

INTERPRETATIONEN VON ZAHLENKOMBINATIONEN

Die folgenden Analysen zu Haustrigramm und Jahreszahl können für die Bereiche
Eingang, Schlafplatz und Arbeitsplatz verwendet werden.

Haustrigr.	Jahreszahl	Interpretation
1	1	Gut für akademische Erfolge, künstlerische Kreativität und Geld. Blut-, Ohren- und Nierenerkrankungen.
1	2	Probleme in der Ehe. Neigung zu Krankheiten, Unfruchtbarkeit und Unfällen.
1	3	Sorgen durch Klatsch, Gerichtsverfahren, Gefangenschaft, Katastrophen.
1	4	Fördert Kreativität und Ruhm. Günstig für neue Partnerschaften mit Männern.
1	5	Leichte Neigung zu Krankheiten. Verdauungsprobleme und Verletzungen durch Unfälle.
1	6	Gut für Fortschritte in der Karriere und Geld. Migräne.
1	7	Gut für Geld. Konkurrenz bei der Arbeit. Verletzung durch scharfe Gegenstände. Tendenz zu Verlusten.
1	8	Gut für Geld und Karriereerfolg. Mißverständnisse unter Geschwistern oder Geschäftspartnern.
1	9	Gut für Karriere und Geld. Augenprobleme.

Haustrigr.	Jahreszahl	Interpretation
2	1	Probleme in der Ehe. Neigung zu Krankheiten, Unfruchtbarkeit und Unfällen.
2	2	Arbeit, die sich immer wiederholt. Neigung zu Krankheiten, insbesondere das Verdauungssystem ist betroffen.
2	3	Probleme durch Klatsch, Gerichtsverfahren und Unfälle. Besonders die Frauen sind betroffen.
2	4	Gut für akademische Erfolge und kreatives Arbeiten. Erkrankungen im Unterleibsbereich.
2	5	Eine sehr kritische Kombination. Aktivitäten in diesem Bereich reduzieren. Schwere Erkrankungen oder Unfälle.
2	6	Gut für Macht und Autorität. Unterleibserkrankungen.
2	7	Konkurrenz bei der Arbeit, Verluste. Verletzung durch scharfe Gegenstände. Krankheitsneigung.
2	8	Gut für Eigentum und Geld. Neigung zu Krankheiten.
2	9	Ungünstig für kreatives Arbeiten, Forschungs- und Entwicklungsarbeiten. Äußerst ungünstig für Kinderschlafzimmer.

Haustrigr.	Jahreszahl	Interpretation
3	1	Probleme durch Klatsch, Gerichtsverfahren, Gefangenschaft, Katastrophen.
3	2	Probleme durch Gerüchte, Gerichtsverfahren und Unfälle. Besonders die Frauen sind betroffen.
3	3	Probleme durch Streitigkeiten, Kämpfe, Meinungsverschiedenheiten, Gerichtsverfahren. Mögliche Verluste und Raub.
3	4	Gut für kreative akademische Erfolge. Schlechte sexuelle Erfahrungen.
3	5	Ungünstig für junge Männer. Krankheitsneigung. Mögliche Erkrankungen der Leber und der Beine.
3	6	Gut für Geld. Ungünstig für junge Männer. Beinverletzungen sind wahrscheinlich.
3	7	Sorgen durch Streitigkeiten und Kämpfe. Raub und Verluste. Verletzungen durch scharfe Metallgegenstände.
3	8	Gut für Geld. Ungünstig für Kinder. Verletzungen an Armen und Beinen.
3	9	Raub und Verluste sind sehr wahrscheinlich. Ärger wegen Gerichtsverhandlungen, Streitigkeiten und Kämpfe. Wahrscheinliche Unfälle durch Feuer.

Haustrigr.	Jahreszahl	Interpretation
4	1	Fördert Kreativität und Ruhm. Günstig für neue Partnerschaften mit Männern.
4	2	Gut für akademische Erfolge und kreatives Arbeiten. Erkrankungen im Unterleibsbereich.
4	3	Gut für kreative akademische Erfolge. Schlechte sexuelle Erfahrungen.
4	4	Sehr günstig für schriftstellerisches oder kreatives Arbeiten. Es ist leicht, Menschen vom anderen Geschlecht anzuziehen.
4	5	Mangelnde Kreativität. Krankheitsneigung. Hauterkrankungen.
4	6	Gut für Geld. Ungünstig für schriftstellerisches oder kreatives Arbeiten. Ungünstig für Schwangere. Erkrankungen im Bereich Gesäß und Oberschenkel.
4	7	Ärger und Sorgen wegen Streitigkeiten und Gerichtsverfahren. Erkrankungen im Bereich Gesäß und Oberschenkel.
4	8	Gut für kreatives Arbeiten und Geld. Ungünstig für Kinder. Verletzungen an Armen und Beinen.
4	9	Gut für kreatives Arbeiten. Unfallneigung durch Feuergefahr.

Haustrigr.	Jahreszahl	Interpretation
5	1	Leichte Neigung zu Krankheiten. Verdauungsprobleme und Verletzungen durch Unfälle.
5	2	Eine sehr kritische Kombination. Aktivitäten in diesem Bereich reduzieren. Schwerste Erkrankungen oder Unfälle.
5	3	Ungünstig für junge Männer. Krankheitsneigung. Mögliche Erkrankungen der Leber und der Beine.
5	4	Mangelnde Kreativität. Krankheitsneigung. Hauterkrankungen.
5	5	Eine sehr kritische Kombination. Schwere Erkrankungen und Unfälle sind wahrscheinlich.
5	6	Ungünstig für Geld. Neigung zu Krankheiten. Knochen- oder Kopferkrankungen.
5	7	Probleme durch Streitigkeiten. Leichtes Erkranken. Erkrankungen im Mundbereich.
5	8	Ungünstig für Geld und Kinder. Verletzungen an Armen und Beinen.
5	9	Ungünstig für Handel und Aktienkauf. Unfälle durch Feuer. Augenerkrankungen.

Haustrigr.	Jahreszahl	Interpretation
6	1	Gut für Fortschritte in der Karriere und Geld. Migräne.
6	2	Gut für Macht und Autorität. Unterleibserkrankungen.
6	3	Gut für Geld. Ungünstig für junge Männer. Beinverletzungen sind wahrscheinlich.
6	4	Gut für Geld. Ungünstig für schriftstellerisches oder kreatives Arbeiten. Ungünstig für Schwangere. Erkrankungen im
6	5	Ungünstig für Geld. Neigung zu Krankheiten. Knochen- oder Kopferkrankungen.
6	6	Sehr gut für Geld. Mögliche Verletzungen durch Metallgegenstände.
6	7	Konkurrenz bei der Arbeit. Bei Streitigkeiten und beim Kämpfen Verletzungen durch Metallgegenstände.
6	8	Gut für Geld. Sorgen und Einsamkeit.
6	9	Gut für Geld. Streitigkeiten mit Älteren und Behörden. Erkrankungen im Kopfbereich.

Haustrigr.	Jahreszahl	Interpretation
7	1	Gut für Geld. Konkurrenz bei der Arbeit. Verletzung durch scharfe Gegenstände. Tendenz zu Verlusten.
7	2	Konkurrenz bei der Arbeit, Verluste. Verletzung durch scharfe Gegenstände. Krankheitsneigung.
7	3	Sorgen durch Streitigkeiten und Kämpfe. Raub und Verluste. Verletzungen durch scharfe Metallgegenstände.
7	4	Ärger und Sorgen wegen Streitigkeiten und Gerichtsverfahren. Erkrankungen im Bereich Gesäß und Oberschenkel.
7	5	Probleme durch Streitigkeiten. Leichtes Erkranken. Erkrankungen im Mundbereich.
7	6	Konkurrenz bei der Arbeit. Bei Streitigkeiten und beim Kämpfen Verletzungen durch Metallgegenstände.
7	7	Gelderwerb durch Konkurrenz. Günstig für Beziehungen mit jungen Männern und Frauen.
7	8	Gelderwerb durch Konkurrenz. Günstig für Beziehungen zu jungen Männern und Frauen. Vorsicht vor zuviel Sex.
7	9	Gut für Erfolg in der Karriere. Erfolg bei Behörden. Ärger durch Streitigkeiten und Kämpfe. Unfälle durch Feuer.

Haustrigr.	Jahreszahl	Interpretation
8	1	Gut für Geld und Karriereerfolg. Mißverständnisse unter Geschwistern oder Geschäftspartnern.
8	2	Gut für Eigentum und Geld. Neigung zu Krankheiten.
8	3	Gut für Geld. Ungünstig für Kinder. Verletzungen an Armen und Beinen.
8	4	Gut für kreatives Arbeiten und Geld. Ungünstig für Kinder. Verletzungen an Armen und Beinen.
8	5	Ungünstig für Geld und Kinder. Verletzungen an Armen und Beinen.
8	6	Gut für Geld. Sorgen und Einsamkeit.
8	7	Gelderwerb durch Konkurrenz. Günstig für Beziehungen zu jungen Männern und Frauen. Vorsicht vor zuviel Sex.
8	8	Sehr gut für Geld und Eigentum. Auch gut für den Erwerb von Häusern und Grundstücken. Sehr günstige Kombination.
8	9	Gut für Geld und Vergnügen. Streitigkeiten zwischen Erwachsenen, älteren Menschen und Behörden.

Haustrigr.	Jahreszahl	Interpretation
9	1	Gut für Karriere und Geld. Augenprobleme.
9	2	Ungünstig für kreatives Arbeiten, Forschungs- und Entwicklungsarbeiten. Äußerst ungünstig für Kinderschlafzimmer.
9	3	Raub und Verluste sind sehr wahrscheinlich. Ärger wegen Gerichtsverhandlungen, Streitigkeiten und Kämpfe. Wahrscheinliche Unfälle durch Feuer.
9	4	Gut für kreatives Arbeiten. Unfallneigung durch Feuergefahr.
9	5	Ungünstig für Handel und Aktienkauf. Unfälle durch Feuer. Augenerkrankungen.
9	6	Gut für Geld. Streitigkeiten mit Älteren und Behörden. Erkrankungen im Kopfbereich.
9	7	Gut für Erfolg in der Karriere. Erfolg bei Behörden. Ärger durch Streitigkeiten und Kämpfe. Unfälle durch Feuer.
9	8	Gut für Geld und Vergnügen. Streitigkeiten zwischen Erwachsenen, älteren Menschen und Behörden.
9	9	Die Interpretation dieser Zahlenkombination hängt in starkem Maße davon ab, ob das persönliche Trigramm des Bewohners und das Jahr, in dem das Haus gebaut wurde, zueinander passen. (Dies muß ein erfahrener Feng Shui-Berater beurteilen).

DIE PRIORITÄTEN IM FENG SHUI

1) Energiefluß: Qi und Sauerstoff

2) Die Trigramme der acht Lebenssituationen

3) Das Ost-West-System

4) Die Fliegenden Sterne

DER CHINESISCHE KOMPASS (LO P'AN)

Der Lo P'an ist ein chinesischer Kompaß, der auf dem Wissen des I-Ging (Buch der Wandlungen) begründet ist. Er ist ein wichtiges Instrument, das jeder Feng Shui-Lernende und -Praktiker besitzen sollte.

Der Lo P'an wurde zuerst in vier Himmelsrichtungen unterteilt. Später fand eine Unterteilung in Bereiche nach den Acht Trigrammen statt. Die Acht Trigramme wurden zu den vierundsechzig Hexagrammen weiterentwickelt. Es wurden weitere Informationen über die zehn himmlischen Stämme, die zwölf irdischen Zweige, die Fünf Elemente und die Himmelskörper hinzugefügt. Über die Zeit hinweg wurde der Lo P'an nach und nach zu einem komplexen Werkzeug, das für den Laien zu kompliziert ist.

Der Lo P'an wird wie folgt in die acht Himmelsrichtungen unterteilt:
Norden, Süden, Osten, Westen, Nordwesten, Südosten, Nordosten, Südwesten. Jeder Richtung wird ein entsprechendes Trigramm zugeordnet - K'AN, LI, CHEN, TUI, CHIEN, SUN, KEN und KUN. Jedes Trigramm/jede Himmelsrichtung wird noch in drei weitere Unterabschnitte unterteilt, was insgesamt vierundzwanzig Abschnitte ergibt.

Was Sie bei der Benutzung des Lo P'an beachten sollten:
Ein Lo P'an ist ein Instrument, das immer äußerst sorgfältig und mit Respekt behandelt werden sollte. Ist der Lo P'an beschädigt, führt das zu falschen Messungen, was die Feng Shui-Berechnungen völlig verfälscht.

- Bewahren Sie den Lo P'an immer mit der Anzeigefläche nach oben auf.
- Halten Sie ihn von Metallgegenständen und Hitze fern. Lassen Sie Ihren Lo P'an nicht im Auto liegen, denn das Metall der Karosserie kann die Magnetnadel beeinflussen.

SCHÄDLICHE STRAHLUNG

Das Hartmann-Netz oder Globalgitter
Entdeckt von Dr. Ernst Hartmann.
Die Linien verlaufen Nord-Süd und Ost-West im Abstand von 2-3 Metern
und einer Breite von 20cm.
Die Linien verbreitern sich bis auf 80cm bei Vollmond.
Die Linien weisen positive oder negative Kreuzungspunkte auf.

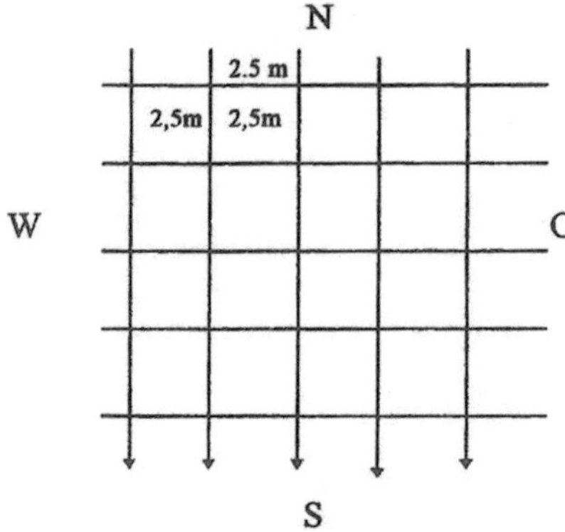

Curry-Gitter
Von Dr. Whitman und Dr. Manfred Curry entdeckt.
Das Gitter verläuft diagonal zum Hartmann-Netz von Nordost-Südwest
und Südost-Nordwest.
Die Linien verlaufen gleichmäßig im Abstand von 3,5 x 3,5m.
Auf dem nördlichen 48. Breitengrad beträgt der Abstand jedoch 3,5 bis 4m.
In Norddeutschland beträgt der Abstand auf dem 53. Breitengrad 2,75 bis 3m.
In Bolivien, das nahe am Äquator liegt (17. Breitengrad) beträgt der Abstand
4,5 bis 5m.
Jede Linie ist entweder negativ oder positiv geladen.
Wenn sich zwei Linien mit ähnlicher Ladung kreuzen, ist das Störfeld sehr stark.

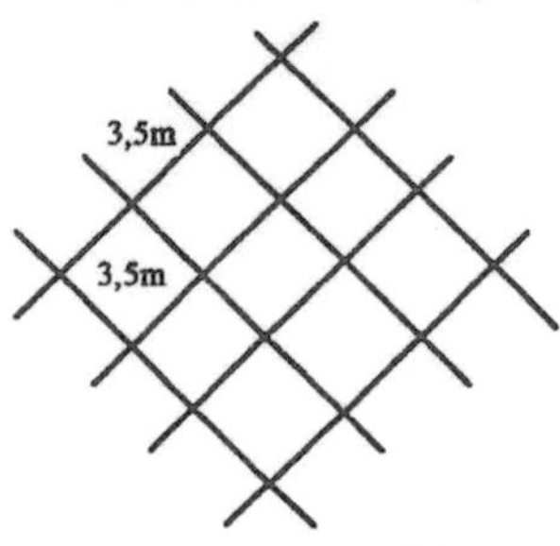

QI-MAG® Feng-Shui I
Die chinesische Kunst des
gesunden Wohnens

Kurs I: Praktisches „Erste-Hilfe-Feng-Shui" für Haus und Wohnung. Wie Sie mit einfachen Maßnahmen und Hilfsmittel schnell und zuverlässig grundlegende Energiestörungen in Haus und Wohnung harmonisieren (2 DVDs/190 Min.).

QI-MAG® Feng-Shui II
Harmonisches Wohnen; Harmonie,
Glück und Erfolg mit der alten
chinesischen Weisheit steigern

Kurs II: Wie Sie Bereiche in Raum und Gebäuden auf einzelne Personen abgestimmt bestimmen und harmonisieren. Was Sie für besseres Arbeiten, mehr Vitalität, erholsameren Schlaf, Erfolg und Wohlstand tun können. Vertiefen Sie die Prinzipien der fünf Elemente, sowie die Harmonie von Yin und Yang, der acht Trigramme und der Feng-Shui Astrologie. Drei fortgeschrittene Feng-Shui-Systeme sind Teil dieses Kursus (2 DVDs/250 Min.).

QI-MAG® Feng-Shui für Geschäft und
Beruf – bewährte Praktiken aus Asien für
geschäftliche Harmonie und Wohlstand

Kurs III: Erfahren Sie alles über das Business-Feng-Shui, um Ihren Erfolg zu steigern und den Energiefluss der Arbeitsbereiche und Geschäftsgebäuden zu aktivieren und zu optimieren. Entwerfen Sie Logos und Symbole. Mit alten Techniken können Spitzenleistungen erzielt werden (2 DVDs/190 Min.).